读懂中国制度

刘余莉 主编

六合同风　四海一家

中国制度中的和合共生

程丽君 编著

CIPG China Foreign Languages Publishing Administration 中国外文出版发行事业局

外文出版社 FOREIGN LANGUAGES PRESS

出版前言

中国作为世界上唯一一个和平崛起的大国，用几十年的时间完成了发达国家几百年走过的工业化历程。中华民族迎来了从站起来、富起来到强起来的飞跃，创造了“中国奇迹”。新中国从建立时的一贫如洗，经过短短几十年的努力，一跃成为世界第二大经济体，引发了世界惊叹。

英国学者马丁·雅克在其著作《当中国统治世界》一书中敏锐地指出：“认为中国对世界的影响主要体现在经济方面，实在有些过时。中国的政治和文化可能也会产生无比深远的影响。”如今，随着中国日益走向世界舞台的中央，“中国之治”与“中国精神”“中国智慧”“中国方案”等也越来越得到国际社会的关注。而中国的成功，归根结底是中国制度和中国治理模式的成功，所以世界各国越来越多的学者开始探究中国治理的特质和优势。在中国制度形成的过程中，有很多因素都发挥了作用，其中最根本的，也是最重要的，当属中国几千年的文化传承。因此，要读懂中国制度，离不开对中华优秀传统文化的深入理解和正确认识。

任何一个国家的制度和治理体系皆非凭空出现，一定有其历史文化的渊源。习近平总书记在十九届四中全会的重要讲话中强调：中国特色社会主义制度和国家治理体系具有深厚的历史底蕴。在几千年的历史演进中，中华民族创造了灿烂的古代文明，形成了关于国家制度和国家治理的丰富思想，包括大道之行、天下为公的大同理想，六合同风、四海一家的大一统传统，德主刑辅、以德化人的德治主张，民贵君轻、政在养民的民本思想，等贵贱均贫富、损有余补不足的平等观念，法不阿贵、绳不挠曲的正义追求，孝悌忠信、礼义廉耻的道德操守，任人唯贤、选贤与能的用人标准，周虽旧邦、其命维新的改革精神，亲仁善邻、协和万邦的外交之道，以和为贵、好战必亡的和平理念，等等。中国选择中国特色社会主义制度，是由中国5000年的历史文化决定的。

这套“读懂中国制度”丛书，以习近平总书记在讲话中概括的11个方面为分册标题，以中国正史中记载的治国理政故事为基础，与当代中国治国理政的实践相结合进行阐述，在追溯古代中国治理经验和智慧的同时，呈现今天中国特色社会主义制度对中华优秀传统文化的一脉相承以及创新性发展，从而使读者清晰地看到中国特色社会主义制度的历史传承及其独特的民族性。

中国传统文化之所以优秀，是因为它是“志于道”的文化，追寻的是宇宙人生的大道。而老子指出，求道的方法与求学不同：“为学日益，为道日损，损之又损，以至于无为，无为而无不为。”古圣先贤正是通过无为、无知的方式达到了无不为、无所不知。这与西方人求知识的方法已然不同。在求知的过程中，即使知识再丰富，但只要有知，就会有所不知，就不可能达到“全知”的境界。而圣人无知的境界，就如镜子一样，上面干干净净，本身没有任何图像，但是镜子的作用却能达到“无所不知”，可以“寂而常照，照而恒寂”。中国古人认为“人皆可以为尧舜”，即任何人通过学道都可以成圣成贤（“全知”）。但是在西方文化中，“全知”的上帝只有一个。因此，用西方求知识的方法理解中国古圣先贤的智慧，在方法论上就已存在相当的困难。

方法论的不同也导致了世界观和认识论上的分歧。

西方人的世界观和认识论以“二元对立”为主要特征：主观与客观、主体与客体、自我与他人、人与自然界等等。这种二元对立的思维方式渗透到方方面面，于是父子、夫妇、老板与员工，乃至兄弟、朋友、企业、国家之间都成为彼此对立的关系。所谓的竞争、博弈论、修昔底德陷阱等概念和理论，都是在这种二元对立的思维中产生的。用这种“二元对立”的思维方式和眼光来审视中国传统文化中的父慈子孝、夫义妇德、君仁臣忠、兄友弟恭、诚信合作、互利双赢、协和万邦、天人合一等理念，不可避免会导致误读与误判。

而中国古人很早就形成了“以天地万物为一体”的世界观，在这种“一体之仁”的观念之下，父与子、夫与妇，乃至兄弟、朋友、君臣、国家之间都是和谐一体的关系，因而一荣俱荣，一损俱损。在这种整体的思维方式下，中国虽然经历了漫长的历史发展过程，但是仍然保持了人与人、人与自然、人与社会，乃至国与国之间的和谐相处，从而使得中华文明作为世界历史上唯一一个没有中断的文明得以延续。究其原因，在于中国人在绝大多数的历史阶段中都尊重了古圣先贤“志于道”的发展方向，遵循了“天人合一”的世界观，采取了“一体之仁”的整体思维方式，坚持了“民胞物与”的道德观念。这种世界观、思维方式、道德观念渗透在国家治理和社会制度的方方面面。这套丛书正是从不同的视角解读独具中国特色的文化传统如何具体体现在政治、经济、文化、教育、法律、外交等制度设计与政策制定之中，从而为世界更好地了解中国搭建起一座桥梁。

当然，读懂中国制度，无论是对于具有西方文化背景的外国人，还是对于中国人本身，都不是一件容易之事。但这又是一件必须要做的事，因为它对于促进中国社会和谐，以及国与国之间的和平共处，具有重大意义。

“读懂中国制度”丛书也是坚持用中国话语讲好中国故事的一次尝试和努力。相信这套书的出版对于广大读者理解中国特色社会主义制度和国家治理体系的深厚历史底蕴，坚定中国特色社会主义道路自信、理论自信、制度自信、文化自信，以及对于促进中西方的文化交流互鉴，提升中华文化的国际影响力，都将产生积极而深远的影响。

总　序

进入21世纪以来，人类的整个面貌发生了巨大变化，世界的格局也出现了微妙变动。西方社会对于中国将要走向何方，以及选择什么样的方式走下去，表达了较之以往更为浓厚的兴趣。尽管这种兴趣里面仍然裹挟着一些质疑，但面对中国共产党领导下的中国特色社会主义伟大实践所取得的历史性成就，西方社会也不得不开始认真思考中国成功背后的答案到底是什么。

与西方社会表现出的困惑不同，这个问题的答案对于中国人而言是不言自明的，那就是中国共产党领导下的中国特色社会主义制度，是符合中国国情的根本制度，是能够确保我们顺利实现“两个一百年”奋斗目标，开启全面建设社会主义现代化国家新征程，进而实现中华民族伟大复兴的坚强保障。读懂中国，最根本的就是要读懂中国制度，读懂蕴藏在中国制度之中的文化基因和精神气质。正如习近平总书记多次强调的，中国特色社会主义制度是马克思主义为指导、植根中国大地、具有深厚中华文化根基、深得人民拥护的制度，是马克思主义同中国传承了几千年的优秀历史文化和广大人民日用而不觉的价值观念融通结合的产物。读懂中国制度及其蕴藏的精神气质，不仅要立足于当下的伟大实践，也要深入传承至今的中华优秀传统文化，领略其生生不息而日新又新的古老智慧。

习近平总书记在《坚持和完善中国特色社会主义制度、推进国家治理体系和治理能力现代化》的重要文章中，把中国制度所具有的深厚的历史底蕴从11个大的方面做了提纲挈领式的概括，集中涵盖了古人关于国家制度和国家治理的丰富思想，内容包括德治主张、民本思想、平等观念、用人标准、改革精神、外交之道等，为人们准确把握中国制度的精神气质指明了方向，彰显了中国制度的巨大优势和独特魅力所在，传达着坚定的文化自信和制度自信。

这套“读懂中国制度”丛书正是以习近平总书记的讲话精神为指导，深入到中华优秀传统文化的脉络之中，通过选取历史上与国家制度和治理有关的人和事并予以要言不烦的解读，力图把古人治国理政的智慧和经验清晰地呈现在人们面前，希望人们在不忘本来、以史为鉴的同时又能古为今用，助力当下正在推进的波澜壮阔的治国理政实践。由此可见，这套丛书的编撰有着鲜明的问题意识和现实关怀，虽然所选用的材料取自历史，但辨析的角度却是着眼当下，因此能给人以特别的启发。这套丛书很好地阐释了中国制度背后的悠久历史文化底蕴，有助于理解中国特色社会主义制度和中华优秀传统文化之间的历史继承性和时代创新性。

中国制度好不好、优越不优越，早已是无须争辩的议题，因为历史已经做了最好的回答。但是，中国制度好在哪里，优越在哪里，如何才能把中国制度的显著优势恰如其分地讲出来，而且讲得有理有据、深入人心，不得不说还需要下一番功夫。尤其是对中华优秀传统文化的解读和阐释，更是要别具慧眼。习近平总书记早就指出，中华优秀传统文化是中华民族的精神命脉，对于中国特色社会主义建设具有重大意义，是治国理政的重要思想资源，能够为治国理政提供经验借鉴和智慧启示。中华民族之所以是中华民族，就是因为中华优秀传统文化赋予的精神气质。对于中国制度而言，道理也是如此。读懂中国制度，最根本的也就必然是读懂涵养了中国制度之精神气质的中华优秀传统文化的根本精神。

中华优秀传统文化是一种关于“道”的整全认识，天地之间的万事万物都要遵循“道”，以“道”为最高的原则和规范而不能违逆，只要是背道而驰的，都必然会遭到相应的惩罚，就像《中庸》中所说：“道也者，不可须臾离也，可离非道也。”这就决定了中国古人无论是在处理与家国社会之间的关系，还是在处理与天地自然之间的关系时，都崇尚效法于“道”，按照“道”的要求通达宇宙人生的真理，成就利国利民的事业。正是在这个意义上，中国古人形成了关于“治国之道”的庞大而又严谨的思想体系，其中既涉及为君之道、为臣之道等关乎人的一面，也有为政之道等关乎制度的一面。

具体而言，治国之道关乎人的一面表现在诸如以民为本、民贵君轻、亲仁善邻等，为政之道的一面则表现在诸如德主刑辅、选贤与能、以和为贵等。一言以蔽之，就是要以道治国。中国特色社会主义制度的精神与此一脉相承，全面地体现了古人治国之道的精髓。习近平总书记指出："始终代表最广大人民根本利益，保证人民当家做主，体现人民共同意志，维护人民合法权益，是我国国家制度和国家治理体系的本质属性，也是我国国家制度和国家治理体系有效运行、充满活力的根本所在。"这既是对中华优秀传统文化的最好继承和发展，也是中国制度所蕴藏的精神气质的最佳体现。

古人讲，仁者见之谓之仁，知者见之谓之知。读懂中国制度及其精神气质可以而且应该有不同角度的阐释，对此问题的追问当然不能局限在得到一个答案。坚持、完善和发展中国特色社会主义制度是一个动态的过程，因而也就必须以一种与时偕行的眼光来看待。希望"读懂中国制度"丛书的出版，为人们提供一个独特的视角去整体地审视中国制度的宏大问题。这不仅值得去深思，也值得进一步推进。

刘余莉

2021 年 6 月

目录

导 语

中国是一个有着悠久历史和灿烂文化的文明古国。在历史上，中国经历了不同朝代的更替，曾盛极一时，也曾短暂衰落，但几千年来中华文明一直延续至今，成为世界上唯一没有中断过的文明。究其根本，在于中国文明的一个突出特性就是“大一统”，即中国人在价值观念、道德信仰、伦理规范等各个方面都达至浑然一体。

德国著名哲学家雅斯贝尔斯认为，“所有统一的一致性，在中国建立了大一统帝国之后达到了顶峰。文化、宗教和国家，全体一致。对于中国人的意识来说，这是一体的人类世界，是独一无二的帝国。”中华民族历代帝王都追求大一统，他们往往把儒家作为正统思想。儒家思想本身具有兼容并蓄的特点，能够不断融合新的思想并不断加以传承，这赋予了中华文化不竭的生命力，使得中国文明在不断的交流中发展进步。英国著名汉学家马丁·雅克认为，“文化是理解中国的关键”。中华民族几千年来积淀的传统文化，已经深深植根于中国人民的血液中，这使得中华民族有着惊人的向心力和凝聚力，能够整合具有不同信仰和阶层的人，使他们融合为一体。

所谓“六合同风，四海一家”，正是对统一的教化遍及祖国大地、天下人民和谐似一家这种盛况的描述。“六合同风”出自《汉书·王吉传》，“《春秋》所以大一统者，六合同风，九州共贯也。”这是西汉一位名叫王吉的贤臣在上奏汉宣帝时所言，其中提到的《春秋》是中国古代儒家经典“六经”之一，记载了周朝时期鲁国的国史。这句话的意思是说，《春秋》之所以推崇周朝的大一统，就是因为周朝在尊重各地不同的风俗、习惯的前提下，在全国推行统一的教化，使得全国政令贯通划一。那么如何理解“六合同风”呢？用现在的话说，就是天下各处的人民都拥有共同的价值观，都能够懂得孝悌忠信、礼义廉耻、仁爱和平。“四海一家”出自《荀子·议兵》，“四海之内若一家，通达之属莫不从服。”意思是说，四海之内就像一个家庭似的，凡是交通能到达的地方，没有谁不服从。历代成就大业的帝王往往重视在全国推行统一的教化，使老百姓在价值观上相契合，进而使他们能够推己及人，懂得爱护他人的父母和兄弟姐妹，做到像《论语》中讲的“四海之内，皆兄弟也”。所以“六合同风，四海一家”，就是指历史上的贤明帝王通过推行教化，使人民拥有共同的价值观；当共通的风化遍及四海，不同地区的人民就能够彼此尊重与接纳，他们在文化交流、民族交往中相互借鉴，在国际交往中携手并进，和谐如一家。

中国在秦朝、西汉、东汉、西晋、隋朝、唐朝、元朝、明朝、清朝等王朝都出现过大一统的盛况。秦始皇一统天下建立了中国历史上第一个统一的王朝——秦朝，可惜他依靠武力统一六国，制定严刑峻法管理百姓，这种背离了道的治国方式导致秦王朝很快失了民心，二世而亡。西汉时期汉武帝“罢黜百家，表章六经”，确立儒家思想为正统，全国上下从此拥有了统一的思想文化体系。东汉时期，汉明帝派班超出使西域，不仅维护了东汉的国家安全，更是促进了汉民族与西域少数民族的团结与融合。西晋时期，晋武帝司马炎选贤任能，以仁爱之心感化军民，避免战争，实现了边境地区两国人民的和平共处。隋朝的隋文帝杨坚励精图治，使隋朝政权稳定、积蓄充盈，创下“开皇之治”的盛世局面。到了唐朝，统治者实行的开明的民族政策使得唐朝与藏族地区和睦同心，如若一家。元朝的忽必烈通过推行“汉法”，大兴儒家文化，成功缓和了民族矛盾，维系了国内的和平与稳定。明朝统治者推崇“华夷一家”，主张对少数民族与汉民族一视同仁，在对西藏地区的治理上，采取“因俗而治”的方法，促进了民族间文化上的相互认同，维护了西藏地区的稳定。清朝时期，顺治帝以尊崇儒学为治国方式，其继任者康熙帝宣布要以儒家学说作为治国之本，他们以儒学来推行教化，很快在全国民众中确立起了共同的价值观，使全国上下达至和谐、安定。

回望历史，我们发现，能够开创大一统盛世并延续较长时间统治的王朝，其统治者往往以“六合同风，四海一家”为导向。在国家治理上，他们依靠儒家思想对民众进行教化。《礼记》中讲“修其教不易其俗，齐其政不易其宜”，统治者通过在全国推行教化，不断提高民众的道德素养，使他们都能够懂得孝悌忠信、礼义廉耻、仁爱和平，实现全国上下政令整齐划一，而非改变他们原有的生活习惯、生产方式、风俗或宗教信仰。面对不同文明，成就一统大业者往往以积极的态度进行交流互鉴，以促进彼此共同的发展进步。在民族关系上，他们十分注重加强民族团结，通过开明的民族政策增进民族情感，凝聚民族力量。各民族逐渐在长期的交流融合中推动着中华民族形成了多元一体的格局。在处理国与国之间的事务上，成就一统大业者往往能够以仁德行天下，以爱化育四方。“以天下为一家，以中国为一人”是孟子政治理想的最高境界。儒家把国家间的关系视作家庭间的关系，国与国之间情同手足，所以提倡的是四海之内，亲如一家。

中国就在这样的历史积淀中发展而来，成为一个团结统一的多民族国家。当今中国大力提倡社会主义核心价值观建设，其内容与儒家核心价值理念一脉相承，它们的形成都需要教育，它们的落实都表现在社会生活中的点点滴滴，它们都利于促进民众实现文化上的认同，进而增强社会的凝聚力。在文化交流上，当今中国所传承的正是历史上“和而不同”的交流原则。习近平总书记曾多次引用“一花独放不是春，百花齐放春满园”这句话，正是为了说明“文明是多彩的，人类文明因多彩才有交流互鉴的价值”。在民族政策上，当今中国实行民族区域自治制度，这项制度的施行与中华民族多年来对待少数民族的原则与方式有着密不可分的关系，它保障了少数民族管理民族内部事务的权力，充分体现出国家对各民族风俗和宗教信仰的尊重，促进了民族团结和共同繁荣。在国与国的关系上，中国主张构建“人类命运共同体”，这是中国人把自身发展和全人类发展紧密联系在一起的重要表现，体现了中华民族“穷则独善其身，达则兼济天下”的优良文化传统。

传统中国是文化国家的典型代表，在很大程度上是作为一个文化体而存在的。大一统文化是中国传统文化的基础和内核，至今仍是深刻影响中国人行为方式和文化心理的基本文化形态。著名历史学家汤因比曾对中国文化给予高度评价，他认为能够真正解决21世纪社会问题的，唯有中国的传统文化。日本著名汉学家沟口雄三也曾提出“以中国为方法，以世界为目的”。相信中国在长期历史发展中所形成的大一统文化能够为当今世界化解冲突、促进和平提供中国方案和中国智慧。

第一章

以儒治国，兼容并蓄

儒家思想的核心特点是崇尚道德，主张通过孝悌忠信、礼义廉耻的教化提升众人的道德素养，达至整个社会的和谐统一。在历史长河中，儒家并不排斥其他流派，而是以其兼容并蓄的特点不断融合新的思想，接纳不同的文化。我们以汉朝、元朝、清朝为例，向读者呈现中国历史上实现大一统盛世的王朝如何通过以儒治国的方式，在全社会确立起统一价值观，融合不同的文化，实现国富民强。

汉武帝推崇儒术

历史记载

董仲舒，广川人也。少治春秋，孝景时为博士。下帷[1]讲诵，弟子传以久次相授业，或莫见其面。盖三年不窥园，其精如此。

盖闻五帝三王之道，改制作乐而天下洽和，百王同之。当虞氏之乐莫盛于《韶》，于周莫盛于《勺》。圣王已没，钟鼓管弦之声未衰，而大道微缺，陵夷至乎桀纣之行，王道大坏矣。夫五百年之间，守文之君，当涂之士，欲则先王之法以戴翼其世者甚众，然犹不能反，日以仆灭，至后王而后止，岂其所持操或悖缪而失其统与？固天降命不可复反，必推之于大衰而后息与？乌呼！凡所为屑屑，夙兴夜寐，务法上古者，又将无补与？三代受命，其符安在？灾异之变，何缘而起？性命之情，或夭或寿，或仁或鄙，习闻其号，未烛厥理。伊欲风流而令行，刑轻而奸改，百姓和乐，政事宣昭，何修何饬而膏露降，百谷

①帷：围在四周的帐幕。

登，德润四海，泽臻草木，三光全，寒暑平，受天之祜，享鬼神之灵，德泽洋溢，施乎方外，延及群生？

道者，所繇[1]适于治之路也，仁义礼乐皆其具也。故圣王已没，而子孙长久安宁数百岁，此皆礼乐教化之功也。王者未作乐之时，乃用先五之乐宜于世者，而以深入教化于民。

《春秋》大一统者，天地之常经，古今之通谊也。今师异道，人异论，百家殊方，指意不同，是以上亡以持一统；法制数变，下不知所守。臣愚以为诸不在六艺之科孔子之术者，皆绝其道，勿使并进。邪辟之说灭息，然后统纪可一而法度可明，民知所从矣。

——《汉书·董仲舒传》

以上两则节选讲述的是汉武帝广召天下英才、董仲舒作为贤良之士向汉武帝建言献策并得到汉武帝赏识的故事。汉武帝被后人誉为中国历史上最伟大的皇帝之一。在汉武帝的治理下，汉朝成为一个与古罗马帝国不相上下的盛世王朝。在中国的历史长河中，汉朝是继秦朝之后，中

①繇：yóu，古同“由”，从，自。

华大地上又一个实现大一统的王朝。所不同的是，秦王朝在形式上结束了列国纷争、诸侯争霸的局面，而真正在思想意识上使人们达成统一则始于西汉汉武帝时期。

西汉初年，汉高祖刘邦胸怀大一统的政治抱负，可惜在此之前，国家经历多年战乱，社会经济遭到严重破坏，民生凋敝，百废待兴。传说刘邦作为一国之君，出门都找不到同样颜色的四匹马来拉车，朝中大臣们更是只有牛车可用。当时全国上下亟待解决的问题就是发展生产，让老百姓先吃饱穿暖，人民富裕了，国库才能充盈。为了调动民众的生产积极性，西汉初年的几位皇帝都实行无为而治，国家对社会生产和老百姓的生活尽量不加干涉，任其自然发展，目的是为了休养生息，进而恢复和发展经济。政治上，刘邦虽然很想把权力握在自己手上，但由于形势所迫，为了巩固统治，刘邦只得实行分封制，将土地分给王公贵臣，并封他们为诸侯。受国家经济、政治方面政策的影响，道家黄老学说由于主张“无为”“守静”受到欢迎。

经过几十年的发展，到西汉第七位皇帝汉武帝即位时，社会经济得到了很大的恢复与发展，同时之前分封的地方诸侯王的势力逐渐壮大，形成分裂势力并企图与中央

黄老学说

黄老学说，一般指黄老之学，是黄帝之学和老子之学的合称。战国中期到秦汉之际，黄老道家思想极为流行。这一流派尊传说中的黄帝和老子为创始人，以道家思想为主。黄老学说主张君主“无为而治”，应该减少赋敛，勿夺民时，恭俭素朴，通过“无为”达至“有为”。黄老学说的思想主张，尤其是休养生息，在汉朝初年产生了一定影响，为盛世局面的到来奠定了基础。

汉武帝

汉武帝刘彻（前156年—前87年），西汉第七位皇帝。他在位期间，从经济、政治、文化等方面进行改革，实现了西汉大一统盛世。

抗衡，地主阶级力量不断壮大，加剧了对农民的压迫和剥削，阶级矛盾进一步激化，周边民族对汉朝也不断侵略欺侮。在这种情况下，无论是政治还是经济上，都迫切需要强化中央集权。此时主张清虚无为的黄老道家思想已经不适应现实需求，同时诸子百家的思想开始争相绽放，一时间，社会上充斥着不同的思潮，人们分成了代表不同思想的流派，彼此之间相互碰撞，导致民众无所适从。

汉武帝是中国历史上最有为的皇帝之一，他早年继承先帝遗志，深知自己身负任务的艰巨，从来不敢浪费时间去享乐。即便如此，他还是担心有做得不完善的地方，所以即位不久就下诏征求人才，寻求治国理政的良策。汉武帝亲自出题，围绕着古往今来治理天下之道进行考试。他希望找寻到的是一个既能总结历史兴亡教训、又能解决国家现实问题，从而使汉王朝经久不衰、永葆强盛的治理之道。受到地方官举荐，董仲舒来到长安，对汉武帝的征问进行回答，他连上三篇策论，从天道、人世、治乱三个方面作答，分别提出了“天人感应”“罢黜百家，表章六经”以及大一统的思想，被后来的史学家命名为《天人三策》。汉武帝听从董仲舒的建议，把儒家学说确立为正统思想，开启了中华民族两千多年以儒家思想为主流的文化传统。

《天人三策》

针对汉武帝的征问，董仲舒连做三篇策论作为回答，因首篇专谈“天人感应”，所以史称《天人三策》（又称《贤良对策》）。它被东汉史学家班固全文收录在《汉书·董仲舒传》中。

天人三策

董仲舒是著名的儒学大师。他年少时，读书刻苦。据说董仲舒的书房附近有一个美丽的花园，但是他终日潜心研究学问，三年都不曾去看过一眼，因而有了“三年不窥园”的典故。董仲舒读遍儒家、道家、阴阳家等各家书籍，将各家思想相杂糅，融入其“天人感应”的学说之中，认为国君受命于天，代表的是天的意志，所以一切臣民都应该服从君主。同时，“天人感应”还以天象变化作为示警，如果出现异常灾害则是上天在警告君主要约束自己的行为，所以，君主应当行仁政，不能为所欲为。这一学说一方面使君主的权威神圣化，维护了皇权统治，另一方面也制约了皇权，有利于实现政治上的制约与平衡。“天人感应”学说受到历代君王的推崇，产生了深远影响。历史上，当国家遭遇灾害时，明君往往都把罪责归到自己身上，并免租减赋，开仓赈灾，这都是受到了“天人感应”思想的影响。

董仲舒认为君主受命于天，所以就要奉行天道，因此治理国家的方法关键是要合于天道。而儒家的仁、义、礼、乐是奉行天道的具体措施，也是治理国家的工具。圣明的君王奉行天道，所以即使他死了，他的子孙还能长久统治，安宁数百年，这都是礼乐教化的功效。董仲舒认为汉武帝恩德广厚，爱护人民，可是美好的祥瑞没有到来，原因就在于教化没有建立，没有把人民纳入正道。万民追逐利益，就好像水向下流一样，如果不拿教化作为堤防，就不能真正制止奸邪之事。当教化建立了，奸邪之事就能够停止，因为它的堤防完好；当教化废止而奸邪并出，用刑罚也不能制止，这是它的堤防坏了。古代的王者明白这个道理，所以治理天下，都把教化当作主要任务。在国都设立太学进行教育，在县邑设立县学、乡学实施教化，用仁爱来教育人民，用义来感化人民，用礼来节制人民，这样虽然刑罚很轻，却没人违犯禁令，这是教化施行、习俗美好的缘故。

董仲舒所表达的正是“六合同风”的美好景象。要实现这样的局面，就要求君王能够按照道来行事。中国文化是一种遵从道的文化，历代君王遵从道来治理国家才能行之有效。作为君主，要遵从道就要施行仁政，一方面先让百姓富裕起来，老百姓只有先吃饱穿暖才有精力去关心礼节、荣辱问题；另一方面，就是要推行教化，教导百姓培养起孝悌忠信、礼义廉耻等基本的价值观。君主遵从道，就是要实行王道。所谓王道就是指君王要以仁义治天下，而不是采用霸权主义，用武力强逼他人就范。在上位者用自身的德行去教化百姓，实现人们价值观上的一致；在与其他国家交往时，以仁爱、道义为原则，以和为贵，求同存异，寻求不同国家之间共同的价值准则，同时尊重各个地区不同的风俗、习惯。这样才能够做到以天下为一家，彼此之间亲如手足兄弟，这也是历代君王梦寐以求的“王道政治”。直至现在，中华民族依然承传着依道而行的文化，中国发展不对任何国家构成威胁，中国共产党始终把为人类做出新的更大的贡献作为自己的使命。我们坚持认为，世界命运握在各国人民手中，人类前途系于各国人民的抉择。中国人民愿同各国人民一道，推动人类命运共同体建设，共同创造人类的美好未来。

董仲舒认为《春秋》推崇一统，这是天地永恒的原则，是古今共通的道理。现在由于诸子百家学说遵循的理论不同，人们的议论也彼此各异，诸子百家研究的方向不同，意思也不一样，所以处在上位的人君不能掌握统一的标准，法令制度多次改变，在下的百姓不知道应当怎样遵守。所以，董仲舒建议只任用讲儒学的人。在这之后，汉武帝采纳了董仲舒的建议，凡是不属于六艺的科目或孔子学术以外的学说都一律禁止。当邪僻的学说消失，学术的系统达到统一，法令制度就能够清晰

六经

六经，指《诗经》《尚书》《礼记》《易经》《乐经》《春秋》的合称，是经孔子整理而传授的六部先秦古籍。其中《乐经》已亡佚于秦始皇焚书坑儒。此处用“六经”是沿用了传统的说法。因为《乐经》在当时已亡佚，所以汉武帝设五经博士，从此博士成为专门传授儒家经学的学官。

明了，人民也知道服从的对象了。自此之后，儒学成为封建社会的正统思想，影响了中华民族几千年，并且成为中华民族的精神内核。这种局面的出现是由于当时全国上下需要一个具有导向性的主流思想，价值观的统一为汉武帝实现大一统奠定了基础。这种统一的价值观有利于巩固统治，但是它并非排斥其他的思想。作为精通儒、道、阴阳等各个流派的大师，董仲舒根据儒学本身兼容并蓄的特点，在儒家思想中已经杂糅进了其他各个流派包括法、道、墨、阴阳家等的思想。

董仲舒这种主张文化大一统的理念在中国历史进程中产生了重大影响。推崇这个理念的目的在于结束列国纷争、文化繁杂的局面，使全国上下拥有统一的思想文化体系，从而实现国家治理的有效性，达到社会的安定祥和。

历史的进程证明，汉武帝采纳董仲舒的建议，“罢黜百家，表章六经”，以儒家思想作为治国思路，是明智的选择。在这之后，全国上下有了统一的思想。汉武帝开始在长安建立太学，讲解儒家经典。太学培养了大量人才，并促进了中国传统文化的发展，当时有的太学生也参与到政治中，为国家建言献策。从隋朝开始，儒家经典被列为中国古代科举考试选拔官员的考试内容，一直延续到了清朝光绪年间。在后来的魏晋至明清时期，或设太学，或设国子学、国子监，或同时设立，它们的教育方式类似，均为传授儒家经典的最高学府。汉武帝通过在中央和地方设立学校，推行教化，在全国上下形成了统一的价值观。在这个基础上，汉王朝实现了大一统的盛世局面，自此之后，汉王朝巩固并延续了数百年的统治。

董仲舒的大一统思想成为维系中华民族统一体的重要文化理念。作为一个拥有多民族的统一国家，文化的统一和体认是最根本的，因为只有从文化上实现统一，才能够实现民族认同、国家认同。在汉王朝之后，中国虽然经历了历代王朝的兴衰更替，但始终能够再次实现统一，董仲舒的大一统思想所发挥的作用无可替代。这种思想植根于中华民族的文化基因中，无论过去、现在和将来，都始终是中华文化的价值根砥和国家的治理导向。

忽必烈推行“汉法”

历史记载

可建国号曰大元，盖取《易经》“乾元”之义。嘉与[①]敷天，共隆大号。

——《建国号诏》

爰[②]当临御之始，宜新弘远之规。祖述变通，正在今日。建极体元，与民更始。三年春正月癸亥，修宣圣庙成。三月庚辰，设周天醮[③]于长春宫。九月壬申朔，立翰林国史院。九月戊戌，以将有事太庙，取大乐工于东平，预习仪礼。冬十月己卯，享于太庙。五月丁亥朔，日有食之。敕上都重建孔子庙。庚寅，敕从臣秃忽思等录《毛诗》《孟子》《论语》。乙未，享于太庙。十二月辛卯朔，诏天下兴起国字学。甲戌，以《大明历》浸差，命太

①嘉与：奖励，优待。
②爰：改易，更换。
③醮：jiào，祈祷神灵的祭礼。

子赞善王恂与江南日官置局更造新历，以枢密副使张易董其事。冬十月己未，享于太庙，常设牢醴外，益以羊、鹿、豖、葡萄酒。参酌《仪礼》，定拟祭祀仪式及坛壝祭器制度，图写成书，名曰《至元州县社稷通礼》，上之。甲子，诏颁《授时历》。

——《元史》

这两则节选讲述了元朝创建者忽必烈推行“汉法”的相关举措。关于忽必烈推行“汉法”，还要从一本书讲起。公元13世纪，有一本叫作《马可·波罗游记》的书在欧洲广为流传。这部被称作“世界一大奇书”的著作记述了马可·波罗在中国17年的所见所闻，书中盛赞了东方的富庶以及中国文明之昌盛。这部书在当时极大地开阔了欧洲人的视野，激起了欧洲人对东方世界的向往，对后来新航路的开辟产生了重大影响。当时的中国正值元朝忽必烈统治时期。

1271年，17岁的马可·波罗跟随父亲和叔叔经由今天的丝绸之路，到达了当时东方最富有的国家——中国。忽必烈热情接待了马可·波罗一行并给予他们官职。后来回到欧洲的马可·波罗盛赞忽必烈是“人类远祖阿丹以来到现在世上从未见过的拥有最广大土地、最多拥护者和最多财物珍宝的最强大的君主”。元世祖忽必烈继承先辈基业，建功立业，统一中国，使国家出现空前的强盛与繁荣。忽必烈时代的元朝都城不仅是集政治、军事、外交为一体的中心，同时还是一座开放性的国际大都会，来自天南海北、说着各种方言的商人、旅行者、外交使节、传教士、匠人等都云集在这里。元朝能够达至鼎盛与忽必烈推行“汉法”有着密不可分的关系。

忽必烈（1215年—1294年），蒙古族人，是元朝的开国皇帝，也是杰出的政治家、军事家成吉思汗的孙子。1206年，成吉思汗统一了蒙古各部，建立蒙古政权。1260年忽必烈即位为蒙古可汗。忽必烈从小就聪明睿智，侍奉母亲以孝闻名。长大后，他结识了一批中原文人墨客，通过他们渐渐对中原地区的情况熟知起来，他招募了一大批汉族的知识分子，其中著名的有窦默和姚枢。他们受到忽必烈重用，为忽必烈讲授儒家的三纲五常以及治国平天下之道。忽必烈还结识了一个叫作刘秉忠的读书人，他博学多才，博览群书，对天下事了如指掌。忽必烈对他钦佩不已，十分器重。在忽必烈还未称帝时，刘秉忠就多次向忽必烈建言献策，历数中原历代王朝的得失。他建议忽必烈采用汉法治国，改革时弊，轻徭薄赋，劝民从事农桑，大力兴办学校，不可使用蛮力使人民屈服于他的统治。蒙古政权作为一个少数民族的政权，长期存在于中国北部地区，同中原文化之间有着巨大差异。要让中原人民接受蒙古族的统治并同蒙古族人民友好相处，全国就需要在文化上实现统一，在民众中形成共同的价值认同。忽必烈深知汉文化的先进性远超蒙古族，所以决心在保持蒙古之成法的同时，向拥有先进文化的汉民族学习。于是，他遵从了刘秉忠的建议，在元朝推行“汉法”。

由于“汉法”的推行，元朝从国号到都城建筑都充分体现着汉民族的文化特色。蒙古自建国以来一直以民族名作为国名，没有正式建立国号，1271年，忽必烈取

《易经》

《易经》，是阐述天地世间关于万象变化的古老经典，被尊为“六经之首”，是中国传统思想文化中自然哲学与人文实践的理论根源，是古代汉民族思想、智慧的结晶，被誉为“大道之源”。其中的内容极其丰富，对中国几千年来的政治、经济、文化等各个领域都产生了极其深刻的影响。

儒家经典《易经》中“大哉乾元，万物滋始”的“元”字，正式改国号为“大元”，建立元朝。“元”意为天下万物的起源，有宇宙之始的意思。忽必烈改国号的举动效

《周礼》

《周礼》，儒家经典，十三经之一，涉及古代官制、军制、田制、税制、礼制等国家重要政治制度，为中国秦汉以来历代国家机构建制提供了全面的参照体系。《周礼》《仪礼》《礼记》合称“三礼”，是古代华夏礼乐文化的理论形态，对礼法、礼义做了最权威的记载和解释，对历代礼制的影响颇为深远。

仿了中国历代开国皇帝的模式，他希望能够借此在汉人心目中树立起儒君的形象。他命人按照《周礼》中有关都城的理想模式设计建造了元朝的都城大都（今北京）。而且为了博得汉人的好感，在刚开始建造大都的时候，忽必烈就命人建造了太庙，还制作了祖宗牌位，以效仿汉人施行儒家的祭拜礼仪。同时，他修建了祭坛，其中最为重要的当属地坛和五谷坛，这是汉文化的突出象征。他定期在祭坛举行仪式，期望像汉王朝的帝王那样敬畏天地自然，遵循自然规律治理国家。孔庙的建设进一步体现了忽必烈对汉文化的推崇。孔庙建成之后，忽必烈规定元朝上下要定期向孔子献祭，并在孔庙举行仪式。作为农业大国，中国

孔廟

金朝

金朝（1115年—1234年），是中国历史上由女真族建立的统治中国北方和东北地区的封建王朝，由完颜阿骨打所建。西与西夏、蒙古等接壤，南与南宋对峙。1234年，金在南宋和蒙古南北夹击下灭亡。

历代帝王都非常重视国家历法，老百姓需要一部精确的农历法来保证农时，进行耕作，因此忽必烈继承了汉民族传承1000多年的历法。他还在秦汉王朝推行的郡县制的基础上推行行省制，把全国划分为12个一级行政区，对后来明清时代的建制产生了重大影响，初步奠定了当今中国的行省规模。

忽必烈大力推行儒家文化中的礼乐教化，他命人研究前朝的礼仪，设立礼部，掌管天下礼乐祭祀。儒家是非常重视礼乐教化的，认为礼有助于提升人的道德修养，乐则有益于塑造良好的社会氛围。可惜的是在金朝战败之后，这些仪礼就被废弃了。忽必烈深知这些仪礼在中原文化中所发挥的重要作用，于是命人根据当时的情况设计了恰如其分的音乐和舞蹈，并且指派专人教授蒙古人仪礼。在推

《孝经》

《孝经》，是一部关于孝道的专著，以“尊老、敬老、养老、送老”为基本内涵，比较集中地阐述了儒家的伦理思想。《孝经》指出，“孝”是一切道德的根本，它是古代以“忠孝”为核心的伦理道德和社会规范的集中体现。

《尚书》

《尚书》，是中国第一部上古历史文件和部分追述古代事迹著作的汇编，其中保存了大量弥足珍贵的先秦政治、思想、历史、文化诸方面的资料。《尚书》一直被视为中国封建社会的政治哲学经典，既是帝王的教科书，又是贵族子弟及士大夫必遵的“大经大法”，是有着巨大历史文化价值的古代文献。

行“汉法”的过程中，忽必烈毫不犹豫地任用汉人，保留了前朝的机构和全部的行政官员，从建筑到礼乐都任命汉人来完成，还尽一切努力赢得汉族官员们的效忠。除此之外，他还让宗室子弟取汉名、学汉文。忽必烈请佛教的幕僚海云法师给他的儿子起名为“真金”，让他接受中国传统文化的教育，同时任命窦默、姚枢和王恂做老师，教授他中国经典著作。真金学的第一部经典就是《孝经》。之所以教授他这部经典，是因为老师希望真金能够首先培养起孝顺的美德，理解以孝治国的道理。真金在老师的带领下，学习了多部经典，不断深入接触和理解儒家精华，他本人渐渐得到众多汉人的接纳。忽必烈对真金的学有所成深感欣慰，于1273年立他为太子。

在忽必烈的支持下，儒家经典《孝经》《尚书》等被翻译成蒙古文，在蒙古精英中推广。通过一系列举措，忽必烈成功推行“汉法”，依靠儒家文化对民众施行教化，充分显示了他对汉文化的尊重与推崇。他在汉族学者中的威望大大增强，越来越多的汉族儒士愿意为他效力。

在推行“汉法”的过程中，忽必烈并没有丢掉自己的民族特色。相传他在兴建宫殿时曾移植蒙古草原上的草种在宫殿内，取名为“思俭草”，提醒后世子孙要常念大草原。在服饰、头发上，忽必烈也并没有要求族人做出改变，在一些狩猎活动上，还是依照蒙古旧俗来执行。他设立蒙古的国子监学，来教授蒙古族的文化。

史实证明，忽必烈推行汉化改革，以儒治国，既保留了民族特色，又促进了民族团结与融合，维护了社会秩序和国家政权的稳定，实现了国家统一的盛世局面。在中国历史上，少数民族入主中原往往都推崇儒学，以儒家思想作为治国安邦之道，以维护国家统一和社会安定团结。他们往往在全国大力推行礼乐教化，任用汉族官员，通过汉化改革，实现中原地区人民与少数民族在思想文化上的共同认知，形成共同的价值观，从而缓解民族矛盾与冲突，促进不同民族之间的互动，促进国家的统一与发展进步。

忽必烈的“汉化”政策随着其统治后期兴趣点的转移半途而废，这对后世元朝的统治影响很大。元朝源于草原民族，游牧民族恶劣的生存环境造就了他们健壮的体格和好斗掠夺的文化。因此后来当中断推行“汉化”政策后，元朝慢慢恢复了草原文化。统治阶级明目张胆地贪污腐败，横征暴敛，由于缺乏教化，整个朝廷对此不以为耻，也不以为怪。这一切也导致元朝虽历尽辉煌，却只维持了一百多年的统治，就退出了历史舞台。

顺治帝尊孔子为至圣先师

历史记载

丁未，免山西今年额赋之半。更国子监孔子神位为大成至圣文宣先师孔子。庚戌，禁包衣[1]大等私收投充汉人，冒占田宅，违者论死。壬子，免济源、武陟、孟、温四县今年额赋及磁、安阳等九州县之半。癸丑，免修边民壮八千余人。

——《清史稿·本纪四》

顺治元年，复衍圣公及四氏翰博等爵封，命孔允植入觐[2]，班列阁臣上。明年，改锡三台[3]银印。十六年改满、汉文三台银印。九年，世祖视学释奠[4]，召衍圣公孔

①包衣：满语“包衣阿哈”的省略语，意为奴隶、奴仆。

②觐：jìn，朝见君主或朝拜圣地。

③三台：汉时以尚书为中台，御史为宪台，谒者为外台，总称为“三台”。

④释奠：古代在学校设置酒食以奠祭先圣先师的一种典礼。

兴燮及四氏博士赴京陪祀观礼，自后以为常。

——《清史稿·志九十》

读书之法，经为主，史副之。四子本经《孝经》，此童而习之者外，此则先之以“五经”，其次如《左传》之淹博，《公》、《谷》之精微，《仪礼》之谨严，《周礼》之广大，《尔雅》之辨晰毫芒。大至无外而细入无间。此“十三经”者，缺其一即如手足之不备而不可以成人者也。至于史，则先《史记》，次《汉书》、次《后汉书》。此三史者，亦缺一不可。

——《宏远谟斋家塾程课条录》

孝经注一卷，顺治十三年御撰。

——《清史稿·志一百二十》

上文从不同书目中节选了清朝顺治帝推崇儒家学说的相关内容。清朝由少数民族女真族建立。女真族，在中国历史上绵延了3000多年。明朝初年，女真族分为建州女真、海西女真、东海女真三大部。清太祖努尔哈赤统一了女真各部，1616年在新宾县（今辽宁省抚顺市）建立

多尔衮

多尔衮（1612年—1650年），是清太祖努尔哈赤的第十四子。多尔衮早年跟随皇太极出征，军功卓著，为清朝统一做出了贡献。皇太极死后，多尔衮以辅政王的身份辅佐福临即位。1650年，死于塞北狩猎途中。

金国，史称后金。1635年，其子皇太极改族名女真为满洲族。次年，改国号为大清。至清世祖爱新觉罗·福临（1638年—1661年）时，清王朝入主中原。福临是清朝入关后的第一位皇帝，年号顺治。顺治帝六岁登基，一直由摄政王多尔衮辅政，直至14岁时才得以亲政。顺治元年（1644年），清朝入主中原，定都北京。

清王朝作为少数民族入主中原，很难被拥有根深蒂固传统思想的汉族人所接受。再加上1644年，清朝入主中原之后，摄政王多尔衮就颁布“剃发令”“易服令”，规定汉族人必须按照满族人的习俗剃掉额头上方和四周的头发，蓄辫垂于脑后，并且穿着完全依照满族人的风格，以此来表示归顺清王朝。如果10日之内不剃掉头发，就会被以逆贼的名义斩首。“留头不留发，留发不留头”成为当时的一句震惊世人的口号。而对于从小接受儒家文化熏陶

的汉族人来说，身体是父母赋予的，损毁自己的毛发、身体是非常不孝的事情，所以按照传统，汉人成年之后，就不可剃发，而是在头顶把头发盘成发髻。因此，清朝颁

布的这个以死相逼的规定在汉族人中间犹如晴天霹雳，他们惊恐万分的同时，也怒火中烧，不少地区人民反抗情绪日益增强。由于这些原因，顺治亲政后面临的形势相当严峻。他一方面镇压各地的反抗，另一方面对民众进行安抚，还对多尔衮摄政期间的冤假错案进行了平反，重新重用了被多尔衮加害的贤臣。

顺治深知，要想稳定社会，就必须使满汉和谐相处。而要让双方放下争斗，最关键的就是要让他们彼此之间实现文化上的认同。顺治决心以儒治国，在国内大力提倡孝悌忠信、礼义廉耻，以期在民众中树立起统一的价值观，从而实现对国家的有效治理。他实行了多项改革，停止了由多尔衮开展的劳民伤财的大工程，使民众得以休养生息。他号召国民学习孔孟之道，习读儒家经典。清朝时期规定，书院要以经学为主，史书次

经学

经学，是儒家学说的核心组成部分，也是中国古代学术的主体，其中蕴含着丰富而深刻的思想。汉代之后，经学特指《诗经》《尚书》《礼记》《乐记》《易经》《春秋》。其中的《乐经》已失传，所以后来通常称为“五经”。

之，科举考试继续以儒家经典作为必考内容。顺治大力弘扬儒家的孝文化，希望通过在社会上弘扬孝的风气，使民众能够懂得孝的内涵，并身体力行，以孝文化作为发端，懂得尊老爱幼、忠诚信义，自觉以礼为规范来约束自身的行为，从而提高民众普遍的道德素养。一旦民众在价值观上实现统一，那么就更易于实现彼此之间文化上的认同，这将有利于全国上下政令的整齐划一，推动国家的有效治理。《孝经》作为论述孝道的经典书籍受到顺治的重视，他亲自为《孝经》作注释，并在科举考试中加入了相关内容的考核。儿童从小开始就要学习《孝经》，同时还要学习四书五经等儒家经典。“孝经论”也因此作为科举考试中一种新的文体而出现。

顺治以身作则，刻苦学习儒学。由于摄政王的干涉，顺治小时候没有机会接受教育，只从母亲那里学习过一些零星的知识。亲政之后，由于知识水平有限，他甚至看不懂奏折，有人就笑他是傻瓜皇帝。他深知自身的不足，由于年少时错失了读书学习的好光阴，他明白必须加倍努力才能追赶得上，于是他每天很早就起床读书，处理军国大事已经占据了他很多时间，但他一刻也不敢松懈，每天把处理政事之外的其他时间都用来读书，直至深夜。他就这

样刻苦用功持续了9年，其间曾经累到吐血也没有放弃读书。在历史上，顺治帝可以说是一位非常勤学的皇帝，经过长年的积累，加上天资聪颖，他终于成为一个精通诸子百家学说的博学皇帝。

为了表示对汉文化的推崇与尊重，顺治帝曾封孔子的后人孔允植为衍圣公，并且遵奉孔子为“大成至圣文宣先师”，派遣官员前往孔子的故乡祭拜。他拨付了大笔款项用于修整孔庙，并定期祭拜孔子，还指派专人翻译儒家经典。他亲自主持编修了《资政要览》《劝善要言》《顺治大训》《范行恒言》《人臣儆心录》等书目，并作序言。1655年，顺治帝命人编成《顺治大训》，其中涵盖了孝悌忠信、礼义廉耻等不同类别的道德规范，并以此作为世人衡量自身行为的标准。他十分看重忠孝，大力表彰了各地具有忠孝品德的仁人志士。他还改变了只任用满族官员的局面，极力重用汉族人才，并对满汉官员一视同仁，希望达至满汉人民同心同德。在民族关系上，顺治帝对蒙古、西藏地区十分重视，他尊重当地的信仰，并在北京专门修建西黄寺作为达赖来京的居所，接待他们时，也总是用隆重的宴席、典礼，并以厚礼相赐。

作为少数民族入主中原，清王朝要实现同中原地区的融合统一，关键在于彼此文化上的认同。顺治采用以儒治国的方式，在全国上下大力推行教化，通过对汉文化的推崇，使汉民族渐渐接纳清王朝的统治，满汉之间通过培养共同的价值观，逐渐在文化上形成认同，促进了国家统一与安定团结。顺治帝励精图治，利用儒学来推行教化，统一民众的价值观，很快赢得了民心，使社会达至安定。他所进行的一系列改革产生了积极的影响，为日后的“康乾盛世”奠定了基础。

康熙帝崇儒重道

历史记载

上诣[①]先师庙，入大成门，行九叩礼。至诗礼堂，讲《易经》。上大成殿，瞻先圣像，观礼器。至圣迹殿，览图书。至杏坛，观植桧。入承圣门，汲孔井水尝之。顾问鲁壁遗迹，博士孔毓圻占对甚详，赐官助教。诣孔林墓前酹[②]酒。书“万世师表”额。留曲柄黄盖。赐衍圣公孔毓埏以次日讲诸经各一。

——《清史稿·圣祖本纪七》

敦孝弟以重人伦，笃宗族以昭雍睦[③]，和乡党以息争讼，重农桑以足衣食，尚节俭以惜财用，隆学校以端士习，黜异端以崇正学，讲法律以儆愚顽，明礼让以厚风俗，务本业以定民志，训子弟以禁非为，息诬告以全善

①诣：到，特指到尊长那里去。
②酹：lèi，把酒洒在地上表示祭奠或起誓。
③雍睦：团结、和谐。

良，诫匿逃以免株连，完钱粮以省催科，联保甲以弭盗贼，解雠[①]忿以重身命。

——《圣谕十六条》

这两则节选充分说明了历史上康熙皇帝对于儒家学说的推崇。康熙皇帝名为爱新觉罗·玄烨（1654年—1722年），是顺治帝的第三子，清朝的第四位皇帝，年号康熙。1661年，玄烨登基，他在位61年，成为中国历史上在位时间最长的皇帝。在位期间，他励精图治，建树颇丰，实现了全国的繁荣昌盛，开创了“康乾盛世”，对于中国统一多民族国家的巩固和发展做出了重要贡献。

玄烨从小就表现出非凡的气质，加上十分聪明懂事，举止端肃，得到了皇祖母孝庄皇太后的喜爱。孝庄皇太后是中国历史上有名的贤后，她才华卓越，具有政治头脑，一生培养并辅佐了顺治、康熙两代皇帝。皇太后为培养玄烨倾注了大量心血，在玄烨小时候就很注重对他的教育，请了老师教授他蒙古的骑射技艺，学习满族人的文化，并

①雠，chóu，同“仇”。

且按照帝王的标准严格要求他，经常讲祖父皇太极的故事来勉励他，启蒙他要成为有抱负与作为的人。玄烨很小的时候就立志要成为像父亲、祖父那样的贤德之人，他非常勤奋刻苦，从5岁开始读书识字，每天早早就起床学习文化知识与骑射技艺，无论严寒酷暑，从未中断。他还认真研读儒家经典，学习治国安邦之道。功夫不负有心人，经过严格的训练，玄烨有了深厚的儒学与满洲文化的积累，同时还非常擅长骑射，十矢九中。从小系统的汉学教育，为他日后崇儒重道奠定了基础。

玄烨8岁当上皇帝，尊孝庄为太皇太后。由于玄烨年龄尚幼，孝庄太后与几位大臣共同辅政，她专门作书来告诫康熙帝说："古往今来，为君一直是很难的，天子一人君临天下苍生百姓，就要对百姓负责，像对待自己孩子那般不论生养抚育都要尽职尽责，在万事上都要能够成为天下人的表率，用自身的德行对他们进行引领。要深思得民心之道，得民心才能得天下，使四海之内都能够丰收、康宁，物阜民丰，要顺天理民。要做到宽裕仁慈，温良恭敬，平日里要注重威仪，谨慎言语，昼夜勤奋，以敬奉祖先留下的功业，做到无愧于心！"受祖母教诲，康熙帝的心愿就是希望能够实现天下太平，百姓安居乐业，共享太平盛世。

1667年，14岁的康熙帝开始亲政。由于顺治一直以儒治国，注重缓和满汉矛盾，至康熙初年，民族矛盾已经不那么突出。康熙吸取先人的经验，认识到要实现统一，单靠武力是行不通的，必须争取民心，使民众形成统一的认同，特别是要使满汉之间实现文化上的统一。他明白汉族人民千百年来深受儒家文化的熏陶，要想取得汉族人民的支持，就要让他们感受到清政府是尊重和推崇儒家文化的。所以，康熙帝实行崇儒重道的方法，以儒治国，以期赢得民心。1667年，他在御制《日讲四书解义序》中，明确宣布要将治统与道统合一，以儒家学说为治国之本。

1669年，康熙在宫中行斋戒之礼，与王公大臣一起乘车前往太学祭祀孔子。他带着虔诚的心，在孔庙门前下

斋戒

斋戒，指古人在祭祀前沐浴更衣、整洁身心，以示虔诚。在中国，斋戒主要用于祭祀、行大礼等严肃庄重的场合，以示虔诚庄敬。斋戒包含了斋和戒两个方面。“斋”，主要是沐浴更衣、不饮酒，不吃荤。“戒”主要是指戒游乐，比如不与妻妾同寝，减少娱乐活动。后以此指称相似的宗教礼仪。

车，步行走过最后一道门大成门，在孔子位前，他恭敬地行三跪九叩礼。在亲自祭拜完后，他又到彝伦堂，听《易经》《尚书》的讲解，并鼓励师生共同学习圣人之道。1670年，康熙颁布《圣谕十六条》，其中第一条就是“敦孝悌以重人伦”，把孝悌作为人伦之本，孝心一开，百善皆开。除了强调孝悌人伦，《圣谕十六条》还重农桑、崇俭、兴办学校、敦化风俗、崇正学等，这些都是儒家文化实现大一统的具体举措，充分体现了他对汉文化的推崇。他将此圣谕在全国发布，通行各省府州县村等地区，还于每月初一、十五对百姓进行宣讲。康熙颁布这项圣谕，有利于缓和满汉之间的矛盾，其中所蕴含的儒家思想加深了汉族人民对满族统治者的认同。

康熙曾多次祭拜孔子的灵位，他希望让天下人明白他是珍惜读书人的，希望以此网罗天下英才尽用之。为了笼络更多的仁人志士，康熙总结以往科举考试制度，首创并特开“博学鸿儒科”，采用考试与举荐相结合的方式，选拔具有卓越才能的贤士。他下令不论出身贵贱，凡是有才华之士，都可被举荐。对于能够入选的人经过反复商酌，择优录取。通过这些方式，康熙帝加强了与汉族学者的联系并保持了良好的关系。

康熙还颁布了《御制学校论》，提出治理天下就要先正人心，敦化风俗，方法就在于推行教化，规范各个地区的学校教育，将民众对儒家经典的学习纳入正轨，使上自王公贵族下至平民百姓的孩子都能够进入学校接受教育。

还规定不同年龄段的孩子接受不同的教育，比如8岁以上的孩子入小学，15岁以后的孩子则入大学，通过普及学校教育，使全国上下无论是儿童还是年长者都能够处于不断学习的状态中。康熙颁布这样的措施，充分体现了他对于以教化实现一统的认可。

汉族有遵照儒家文化行乡饮酒礼的习俗，以示敬贤尊老。地方的德高望重者会聚一起，同聚共饮，劝善、惩恶、举荐贤才。康熙帝认同汉族的这个习惯，并且下令满汉一体举行。同时他还遵从汉族为父母守丧的习俗，规定满人文武百官遇父母丧事，也要为父母守丧27个月。他以平等的态度对待满汉大臣，下令对明朝时期的皇陵进行保护。康熙曾六次南巡，每次都要在南京停留，特意去祭拜明太祖的陵墓，还要下车行三跪九叩礼。他命人在此立了一块碑，上面写着四个字：治隆唐宋，意思是说明太祖朱元璋的功绩远超唐宋。唐朝是中国历史发展的高峰，宋朝的经济文化也比较发达，康熙以此四字来形容明太祖，充分肯定了明太祖的地位与历史功绩，可以说是极高的评价了。此举对汉族百姓触动非常大，众多内心怀念明朝的百姓渐渐开始接纳清王朝。

康熙通过崇儒重道的一系列举措，缓和了民族矛盾，

统一了边疆地区，为统一多民族国家的巩固和发展起到了巨大作用。西方著名汉学家崔瑞德在其主编的《剑桥中国隋唐史》中评价康熙帝“是中国历史上最伟大的统治者之一，他的统治时间不仅仅是最长的，而且也是最具有活力的，在中国的历史上更是最复杂的……康熙的统治可与俄国的彼得大帝以及法国的路易十四相媲美”。康熙帝以自身的卓越才能，不断实现着从小的志向与抱负，他审时度势，励精图治，使社会不断发展与进步，促进国家统一，不愧为中国历史上一代伟大帝王。

从汉武帝罢黜百家、把儒家思想确立为正统思想开始，历史上的明君逐渐认识到统一民众的价值观对于国家统一、社会和谐安定的重要意义。他们大多以儒家思想为治世之道，在民众中大力推行教化，普及教育，使民众懂得孝悌忠信、礼义廉耻、仁爱和平，这些价值观是做人的根本，也是孔子道德教育思想的精髓。这种合于道的治国方法，使得中国历史上多次实现大一统的盛世局面。

当今中国大力提倡社会主义核心价值观建设，倡导富强、民主、文明、和谐，自由、平等、公正、法治，爱国、敬业、诚信、友善，这与儒家核心价值理念一脉相承。二者在内在要求、实现方法上都具有共通性。文化是一个国家、一个民族的灵魂。社会主义核心价值观的形成并非是无本之木、无源之水。培育和践行社会主义核心价值观，正是立足于以儒家思想为主体的中华优秀传统文化，吸取其中的精华，并注入新的时代内涵。在培育和弘扬社会主义核心价值观的过程中，要考虑地域差异、民风差异、行业部门差异、文化差异、认同差异等多重因素，因地制宜、因人制宜、因时制宜，分类施策，精心做好理论和实际的“结合”文章。要把社会主义核心价值观贯穿于社会生活的方方面面，与现实生活紧密结合，在落细、落小、落实上下功夫，小处着手，人人可为，细处着眼，润物无声，方能深入人心，赢得共鸣。要去形式化、教条化，把社会主义核心价值观融入生产生活细节，贯穿各行各业，使其如空气自然遍布，启迪善心，激励善行。价值观的形成需要教育，也需要社会各界的共同努力。只有将社会主义核心价值观落到实处，才能真正改善社会风气，凝聚社会力量。

第二章

交流互鉴，共促发展

面对不同文明，中国历史上成就一统大业者往往以积极的态度进行交流互鉴，他们秉持“和而不同”的交流原则，以促进彼此共同发展进步为目的。当今中国主张“文明是多彩的，人类文明因多彩才有交流互鉴的价值”，正是对历史上不同文明之间“交流互鉴，共促发展”这一优良传统的传承。

张骞开拓丝绸之路

历史记载

张骞，汉中人也，建元中为郎。时匈奴降者言匈奴破月氏王，以其头为饮器，月氏遁[①]而怨匈奴，无与共击之。骞以郎应募，使月氏，与堂邑氏奴甘父俱出陇西。径[②]匈奴，匈奴得之，传诣单于。单于曰：“月氏在吾北，汉何以得往使？吾欲使越，汉肯听我乎？”留骞十余岁，予妻，有子，然骞持汉节不失。

天子以为然，拜骞为中郎将，将三百人，马各二匹，牛羊以万数，赍金币帛直数千钜万，多持节副使，道可便遣之旁国。骞既至乌孙，致赐谕指，未能得其决。语在《西域传》。骞即分遣副使使大宛、康居、月氏、大夏。乌孙发译道送骞，与乌孙使数十人，马数十匹，报谢，因令窥汉，知其广大。

骞还，拜为大行。岁余，骞卒。后岁余，其所遣副使通大夏之属者皆颇与其人俱来，于是西北国始通于汉矣。

---

①遁：逃避，躲闪。
②径：经过，行经。

然骞凿空，诸后使往者皆称博望侯，以为质于外国，外国由是信之。其后，乌孙竟与汉结婚。

——《汉书·张骞传》

以上记载节选自《汉书·张骞传》，讲述了西汉时期一个叫张骞的人历经艰难险阻，终于打通中西方交往通道——丝绸之路的故事。

丝绸之路的意义究竟有多深远？当今世界飞速发展，我们享受着科技带给我们的便利。交通方式的多样化，使我们随时可以获取世界各地的美食、服饰和其他用品。但是把时间倒推至2000多年以前，那时的人们可没有这么多的便利，国与国之间对彼此的境况也不甚了解。古时的中国人出行主要是靠马车、牛车等简单的交通工具，人们吃的主食是大米和小麦。直至西汉时期的张骞开拓了丝绸之路这条著名的国际交通线之后，才连通了中国和中亚、地中海沿岸国家，使得沿线的各个国家能够进行贸易友好往来，促进了中西方文化的交流。

张骞是中国历史上一位著名的外交家、旅行家、探险家，被誉为“东方的哥伦布”。西汉时期，汉武帝派遣张骞等人两次出使西域，开拓了历史上著名的“丝绸之路”。

张骞之所以出使西域，最开始是由于西汉初年边境经常遭到匈奴的骚扰，匈奴还经常骚扰西域周边国家，不仅杀死了大月氏国的国王，还把当地人赶到了伊犁河，迫使他们迁徙到葱岭（今帕米尔）以西的大夏地方（今阿富汗和乌兹别克一带），背井离乡，流离失所，于是汉武帝就想联合远方的大月氏国共同对付匈奴。张骞自告奋勇，担当此任。因为他智慧超群，胆略过人，汉武帝决定派他出使西域。

张骞带着良马、骆驼、丝绸、锦帛，并选定了100余人向西远行。在出使西域的过程中，张骞中途被匈奴人拦截，百余人无法抵挡匈奴的强兵壮马，很快就被击败。张骞众人只剩下了十来个人，被匈奴扣留，这一扣留就是十

西域

正式使用“西域”一词，始于汉宣帝时期设置“西域都护”一职。汉朝时西域是指今甘肃玉门关和阳关以西至葱岭的地方。至隋唐时期，西域的范围逐渐扩大，几乎涵盖了亚洲西部的全部地区。

多年，匈奴单于觉得他有才能，想笼络他，就用各种方法诱降他，强迫他结婚生子，消磨他的意志，借此打消他继续西行的念头。但张骞没有放弃，一直等待机会，终于在卫青重创匈奴后，趁匈奴放松警惕，逃离了匈奴。

张骞终于辗转到达了大月氏国，可是这里早已重新建立了新的王国，新国王安于现状，不愿再同匈奴发生纠葛。张骞只得返回长安。此行虽然没有达到最初的目的，但是他通过沿途见闻，获得了关于西域各国极为丰富的地理知识。他向途经地区介绍汉朝的状况，同时也使生活在

单于

匈奴人对其部落联盟首领的专称。

卫青

卫青，汉朝时期著名的将领、军事活动家。他精于骑射，公元前129年，匈奴骑兵大举入侵汉朝边境，卫青被拜为车骑将军，独挡一路，以闪电般速度，出敌不意，直驱匈奴圣地龙城，获大胜而归。公元前124年，匈奴分三路大举南下，汉军又出击匈奴右贤王。卫青利用右贤王傲慢轻敌、麻痹大意的弱点，乘夜奔袭，围追堵杀，又获大胜。汉武帝喜出望外，特派使者赶到边塞，拜卫青为大将军，统帅六师。

中原内地的人们了解到了西域的情况，沟通了彼此之间的联系。张骞把所有这些写成报告上奏给了汉武帝，后来史学家司马迁将其记录下来成为珍贵的资料保存至今。

公元前119年，汉武帝再次派张骞带着黄金、丝绸等贵重礼品出使西域，进行文化交流。他们来到乌孙，张骞又派了副使分别到大宛、康居、大月氏、大夏、于阗等国，广泛开展外交活动，并邀请他们派使者到长安观光。这一次张骞于公元前115年载誉而归。

张骞两次出使西域，扩大了汉王朝的影响力，打通了通往西域的道路，加强了西汉与各国之间的联系，促进了中外经济文化的交流，“丝绸之路”也随即畅通。

丝绸之路全长约7000公里，以长安（今西安）为起点，经过河西走廊，出玉门关和敦煌，进入新疆之后，分为北道、中道和南道三个方向分别向西，最后到达地中海的各个国家。丝绸是沿线国家商品交易中最主要的高档货物。原产于中国的丝绸，在古代西方国家十分名贵。在古希腊，购丝绸、穿丝绸成为富有和地位的象征，甚至公元前5世纪希腊帕特农神庙的“命运女神”和埃里契西翁的加里亚狄像身上都穿着透明的中国丝织长袍。在这条线路上进行贸易的货物中，中国的丝绸最具代表性，因此这条

市
安息香

路得名“丝绸之路”。

通过“丝绸之路”，中西方之间互通有无，中国精美的丝绸、瓷器、茶叶等物品，以及制丝、炼铁、凿井等技术传到西方，西方的丝织品、金银器、玻璃、玛瑙、香料、汗血马、狮子、葡萄等也传入中国。从那之后，中国人种上了葡萄、黄瓜、番茄、大葱、大蒜等农作物，汉代具有代表性的“海兽葡萄纹铜镜”里面刻画的就是这几样东西。

除此之外，西方的数学、天文学、地理学、化学等科学知识，也随着商人和文化交流的队伍来到中国。中国的四大发明——造纸术、印刷术、火药、指南针，通过丝绸之路也相继传到西方各国。我国古代的四大发明在欧洲近代工业革命前传入西方，成为推动资本主义生产方式变革的重要因素。英国学者弗朗西斯·培根盛赞中国火药、指南针、印刷术，他说：“这三种发明已经在世界范围内把事物的全部面貌和情况都改变了。”马克思指出：“火药、指南针、印刷术——这是预告资产阶级社会到来的三大发明。”13世纪，沿丝绸之路来到中国的欧洲人将印刷术带回欧洲。15世纪时，欧洲人谷登堡利用印刷术印出了一部《圣经》。1466年欧洲第一家印刷厂在意大利设立，印刷技术迅速传遍整个欧洲。

“丝绸之路”自此之后成为汉唐时期中外文化、经济交流的重要通道，为汉朝的强大，乃至整个中华民族的强大奠定了坚实的基础。后来，随着唐朝国力的进一步增强，对外联络和对外贸易活动络绎不绝，各国的王公贵族纷纷慕名来到唐朝的国都长安，进一步拓宽了东西交流的友谊之路。

东西方之间通过丝绸之路还传播了宗教文化，其中一位著名人物就是唐朝的佛教僧人玄奘法师。627年，玄奘法师从长安出发，一路向西到达新疆后，沿着丝绸之路的北道西进，到达了他仰慕已久的印度。他在那里研修佛学真理，广泛搜集佛经，并通过丝绸之路将它们带回了长安。他还把自己一路的见闻写成《大唐西域记》，这本书成为记录丝绸之路的重要史料。玄奘法师以不畏艰难的意志成为传播文化的使者，使得全国深受震惊与感动。他是唐朝开放、繁荣文化下的一个缩影。

开放的唐朝文化就是通过丝绸之路与世界相互交流的。丝绸之路上，商旅、僧人、学者络绎不绝，有的在沿途的城镇停下脚步，开始了新的生活，建造了房屋，并与当地人结为夫妻。他们在生活方式上互相影响，促进了民族的融合，也带来了沿途各国的繁荣和昌盛。从西汉至隋唐的1000多年时间里，这条丝绸之路成为东西方沟通交流的大动脉，连通着中国和外国人民，成为文明与友谊之路，载入世界史册。

丝绸之路是不同民族和不同文化相互交流、彼此融合的文明之路，它横跨亚欧非数十国，使中华、印度、埃及、波斯、阿拉伯及希腊、罗马等各古老文明联结了起来、交融了起来。东西方文化交流遍及音乐歌舞、天文历算、文学语言、服装服饰、生活习俗等社会生活的各个领域，比如古代丝绸之路沿线各国的民乐相互传播、相互影响、相互借鉴，通过与当地音乐形式、演奏技巧的有机融合，不仅成为沿线国家民族化、地域化的代表和标志，而且深深地镌刻在了沿线各国各民族文学、戏曲、歌舞伴奏、民间生活等各个方面。文化的交流、交融和互动，与丝绸之路的发展相伴始终，丝绸之路在把多种文化、多种文明紧紧联结起来的同时，形成了别具一格的丝路文化和文明，对世界文明的发展和人类的进步做出了不朽贡献。

丝绸之路是东西方交流的通道，不同民族、种族、宗教、文化在此交汇融合，经过历史的积淀，各个国家发展形成“团结互信、平等互利、包容互鉴、合作共赢，不同种族、不同信仰、不同文化背景的国家可以共享和平，共同发展”的丝路精神。这已成为现代国际社会交往的基本原则之一。当今中国建设丝绸之路经济带，寻求与世界各国的合作共赢，旨在发扬丝路精神，积极发展与沿线国家的经济合作伙伴关系，共同打造政治互信、经济融合、文化包容的共同体。通过弘扬丝绸之路精神，触发各个国家在科学、教育、文化、卫生、民间交往等各领域广泛开展合作，携手并进。法国前总理德维尔潘认为，“一带一路”建设是政治经济文化上的桥梁和纽带，有助于人民跨越国界更好交流。“一带一路”建设就是要以文明交流超越文明隔阂，为相关国家民众加强交往、增进理解搭起新的桥梁，为不同文化加强对话与交流互鉴搭建平台，推动各国相互理解、相互尊重、相互信任。

“茶马互市”讲信修睦

历史记载

按此，古人亦饮茶耳，但不如今人溺之甚。穷日尽夜，殆①成风俗。始自中地，流于塞外。往年回鹘②入朝，大驱名马，市茶而归，亦足怪焉。

——《四库全书·子部·封氏闻见记》

番人嗜乳酪，不得茶，则困以病，故唐、宋以来，行以茶易马法，用制羌、戎，而明制尤密。有官茶，有商茶，皆贮边易马。

——《明史·食货志》

吐蕃又请交马于赤岭，互市于甘松岭。宰相裴光庭曰：“甘松中国阻，不如许赤岭。”乃听以赤岭为界，表

---

①殆：几乎。

②回鹘：中国少数民族部落，维吾尔族祖先，是游牧民族地区最早过渡到城市生活的民族之一。主要分布在新疆，内蒙古、甘肃及中亚也有散居。

以大碑，刻约其上。

——《新唐书·吐蕃列传》

茶之为物，西戎吐蕃，古今皆仰给之，以其腥肉之食，非茶不消青稞之热，非茶不解，故不能不赖于此。

——《明经世文编·一百四十九卷》

（建炎二年）参酌政和二年东京都茶务所创条约，印给茶引，使茶商执引与茶户自相贸易。改成都旧买卖茶场为合同场买引所，仍于合同场置茶市，交易者必由市，引与茶必相随。

——《宋史·赵开传》

以上记载节选自多部典籍，共同描述了唐、宋、明时期，人们以茶易马的景象。为何茶叶与马匹成为少数民族同中原人民进行交换的重要产品？茶马互市的景象又是如何逐步发展起来的呢？这要从中国的茶文化说起。

说起中国文化，人们很容易就联想到中国的茶文化。中国是茶的故乡，中国人发现并利用茶，据说始于神农时代，迄今至少有将近4700多年的历史。饮茶在中国非常普

陆羽

陆羽，唐代著名的茶学家，被誉为“茶仙”，后世尊为“茶圣”。他对茶叶有浓厚的兴趣，经过长期调查研究，他熟悉茶树栽培、育种和加工技术，并且擅长品茗。他一生嗜茶，精于茶道，以著世界第一部专著《茶经》闻名于世。他开启了一个茶的时代，为世界茶业发展做出了卓越贡献。

遍，“柴米油盐酱醋茶”是百姓日用之中七件最基本的物件。中国人还由饮茶发展出茶文化，唐代有“茶圣”之称的陆羽开启了中国的茶文化。从此，茶同养生、诗词、绘画、书法、医学等联系起来。几千年来，中国积累了大量关于茶叶种植、生产的物质和精神文化。

在历史上，中原地区的地理条件和以农耕为主的生产结构，使得这里盛产茶叶，而缺乏可以用于狩猎、交通、作战的马匹。由于马匹不可替代的特殊效用，它们在中原地区意义重大，被视作富国强兵的重要标志之一。西北地区处于与中原接壤的地带，那里的地理气候造就了以畜牧为主的生产结构，当地人民拥有数量可观的马匹，饮食主要是奶制品和肉制品。他们对能够解油腻、助消化的茶叶情有独钟，但是在他们那里茶叶又是稀缺品。于是，在中国历史上影响深远的“茶马互市”由此拉开序幕。

“茶马互市”指的就是自唐宋开始的，我国西北地区的少数民族用马匹同中原地区的人民用茶叶、铁器、丝绸、粮食等进行的物物交换，是游牧民族与农耕民族之间的一种互补型的贸易往来。久而久之，“茶马互市”成为一种传统，加强了民族之间的经济、政治、文化交流，促进了中国统一多民族国家的发展。

“茶马互市”兴起于唐朝，在明朝得到发展，到清朝走向衰落，长达千余年。从西汉时期张骞开拓丝绸之路开始，西北地区的民族贸易往来范围扩大，民族经济交往已初具规模。在“茶马互市”之前，中原地区与少数民族地区主要是依靠进贡、赏赐等方式进行物品交换，各地方、民族带着自己的特产前来中原进贡，由于中国历来以“薄来厚往”作为一种待人的文化修养，所以中原皇帝往往会回赠丝帛、茶叶、铁器等几倍于朝贡的物品给少数民族使者。只要使者来朝贡，朝廷就会厚赏。结果西北的商人纷纷以“进贡”的名义来换取丰厚的赏赐，再带回去进行售卖。在唐朝时期，中原国力兴盛，许多使者纷纷前来进贡，其中甚至有这样的商人，他们被当作“国宾”盛情款待，常年住在这里，成为唐朝政府一项沉重负担。渐渐的，西北人民产生了与中原地区进行贸易往来的强烈愿望，中原人民亦是如此。于是民间自发的贸易往来达到前所未有的繁荣。唐太宗把与西北民族的贸易往来列入其经世治国的方略中。

公元731年，位于今青藏高原的吐蕃政权主动要求与唐朝划界互市，唐朝批准。这标志着“茶马互市”的正式开始。当时的唐朝发展鼎盛，国家统一，民族和睦，丝绸之路在西北地区畅通，民族交往正常，中原地区的茶叶生产已具备一定规模，茶叶不仅可以满足中原地区人民的日常所需，还有剩余可以进行民族交往。唐代饮茶之风盛行，茶叶成为全国上下生活的必需品。这对少数民族的生活方式也产生了影响，饮茶的风俗在草原上流行开来。他们生活在高寒地区，以奶酪、肉制品为主食，而茶叶能够驱寒、解油腻、提神、调口味，因而在那里受到越来越多人的喜爱。此外，吐蕃的饮茶之风盛行，也与唐朝的文成公主嫁给吐蕃首领松赞干布有很大关系，唐朝文成公主与松赞干布的和亲对在当地推广中原文化发挥了直接作用。不过由于运输成本高昂，当时一般的民众很少有能消费得

起茶叶的，茶叶主要还是为贵族所拥有。

北宋时期，“茶马互市”迅速发展并形成规模，政府为商人制定了进行茶马互市的制度，给他们颁发“茶引”作为进行互市的凭证，“茶引”相当于今天的营业执照。

文成公主

文成公主（625年—680年），汉族，唐朝宗室女。640年，被唐太宗李世民封为文成公主。641年，远嫁吐蕃，成为吐蕃赞普松赞干布的王后，由此开创了唐朝与吐蕃交好的新时代。

此时茶叶在西北地区已经从奢侈品变成了人们生活的必需品。在少数民族牧民中，口耳相传着这样的说法：“宁可三日无食，不可一日无茶”“一日无茶则滞，三日无茶则病”，足见当地人对茶叶的迫切需求。当地人经常赶着马群到边市同中原人换取茶叶。政府在四川地区设置“茶马司”，作为专门掌管茶马贸易的政府机构，对保证茶马贸易政策的贯彻执行发挥了重要作用。宋政府规定用于交换的马匹的数额与价格可以随市场供需而变化，用于交换的茶叶价格低于专卖的价格，且都是品质很好的茶。所有这些规定都是符合商品交换原则和商品经济市场客观规律的，符合各民族的共同利益，赢得了少数民族的欢迎和拥护，使茶马贸易得以持续开展。明代时期，“茶马互市”达到空前繁荣，由政府直接控制和经营，中央继续设置

"茶马司"，专管"茶马互市"。明中叶以后，茶马贸易成为各民族贸易往来的主流。直至清朝后期，西北地区的茶叶贸易仍十分兴盛，中国的丝绸和茶叶在西北民族贸易史上留下了浓重的一笔。

随着"茶马互市"的发展，各民族间的接触日益频繁，彼此在生活方式、语言文化、价值观念上都在潜移默化之中发生着变化与融合，少数民族在文学、艺术、建筑、医药等方面不断吸收汉族文化，推动了各民族间的科技以及文化交流。"茶马互市"对发展民族贸易往来、促进中国多民族统一大家庭的繁荣与稳定具有重大的意义。它加强了中原王朝与少数民族政治、经济、文化上的联系，有效地巩固了祖国的西北边防，增强了汉民族与西北少数民族之间的感情，增进了民族间的理解与友谊，有助于彼此之间文化上的认同，形成统一的价值观，促进民族融合与发展进步。通过"茶马互市"，地处高寒地带的少数民族与汉族之间互通有无，马、牛、羊、药材等从草原进入汉族地区，茶叶、绢布、陶瓷、食盐等物品进入少数民族地区，农业技术得到传播，促进了少数民族地区的农牧业生产和生活结构，丰富了边疆地区的物质生活，推动了社会进步。

"茶马互市"开辟了许多边疆与中原地区进行贸易的

商道，史称“茶马古道”。这些商道在加强边疆与中原的交往联系之外，还促进了沿途地区的发展。商道两旁逐渐诞生了较大规模的城镇，成为各民族地区的生活中心。“茶马古道”成为文化交流的大血脉，使不同文明相互交流和吸收。

中原地区的文化与技术传入以畜牧业为主的边疆地区，使得那里的农业得到了一定程度的发展，而以农耕文明为主的中原地区也吸收了边疆地区的畜牧技术。“茶马互市”是以民族间的友好关系为基础发展起来的，而不同民族间互市经济的繁荣发展又进一步促进了民族关系，增强了彼此的认同和理解。可以说，“茶马互市”在中国历史上，对于巩固中央政权、促进民族间的文化交流发挥着重要作用。通过经济、文化交流，中原地区同少数民族地区的友谊得到巩固，各民族的情感日益加深。这对于促进统一多民族国家的形成具有极其重要的意义。

民族之间的交往交流成为中华民族自我完善的强大推力。历史上，我国各民族在经济文化的交往中加深对彼此的了解，达至共赢，形成更优秀、更强大的政权和更大范围的统一多民族国家。在这个过程中，各个民族在衣食住行等方面都不同程度地相互吸收、改进。“茶马互市”为中原地区人民同西北地区少数民族之间的交流互动架起了一座桥梁。通过不断的经济、文化交往，他们之间的民族感情逐渐建立起来，彼此在各个方面相互影响，共同进步，加强了民族团结，实现了国家稳定和谐的发展。

郑和下西洋

历史记载

郑和，云南人，世所谓三保太监者也。初事燕王于藩邸[①]，从起兵有功。成祖疑惠帝亡海外，欲踪迹之，且欲耀兵异域，示中国富强。永乐三年六月，命和及其侪王景弘等通使西洋。将士卒二万七千八百余人，多赍[②]金币。造大舶，修四十四丈、广十八丈者六十二。

十四年冬，满剌加、古里等十九国咸遣使朝贡，辞还。复命和等偕往，赐其君长。十七年七月还。十九年春复往，明年八月还。二十二年正月，旧港酋长施济孙请袭宣慰使职，和赍敕印往赐之。比还，而成祖已晏驾。宣德五年六月，帝以践阼[③]岁久，而诸番国远者犹未朝贡，于是和、景弘复奉命历忽鲁谟斯等十七国而还。

和经事三朝，先后七奉使，所历……凡三十余国。所

①藩邸：藩王的宅第。
②赍：jī，携带。
③践阼：即位，登基。

取无名宝物，不可胜计，而中国耗废亦不赀①。自宣德以还，远方时有至者，要不如永乐时，而和亦老且死。自和后，凡将命海表者，莫不盛称和以夸外番，故俗传三保太监下西洋，为明初盛事云。

——《明史·宦官一》

以上记载节选自《明史·宦官一》，讲述了明朝时期著名的航海家、外交家郑和多次远洋航行的故事。郑和于1405年开始远航，先后7次下西洋，比意大利著名航海家哥伦布第一次远航早了87年。郑和到过东南亚的许多国家，并曾远航至非洲东海岸肯尼亚。英国前海军军官、海洋历史学家孟席斯（Gavin Menzies），在他出版的《1421年中国发现世界》中说，郑和船队先于哥伦布抵达美洲大陆、大洋洲等地。郑和出使西洋，是15世纪初世界航海史上的空前壮举，对中外经济、文化交流起到了重大作用。

郑和，云南昆阳州人，祖辈、父辈都曾任元朝时期的封疆大臣。他的母亲温良贤淑，十分重视孩子们的文化教

①赀：zī，计量，计算。

育，请了专门的老师传授他们知识。郑和自幼聪明伶俐，跟着老师学习诵读了许多诗词，阅览了百家著作，在历史上被誉为“才负经纬，文通孔孟”。他自身具备深厚的文化底蕴，这也是为何他后来会被派遣出使西洋的原因。他从小在祖辈、父辈那里听闻了许多奇闻趣事，对异域和海洋充满了好奇，立志以后要远航大海。他的家乡有着云南最大的淡水湖——滇池，郑和就经常和朋友们到湖里游泳、划船，练就了一身驾船、游泳的好本领。11岁时，他的父亲和母亲相继死于战乱，他被明军抓进军营，做起了杂役。后来他随军队回朝，进宫当了一名侍童。19岁时，由于聪明能干，郑和被燕王朱棣选中，负责伺候他的饮食起居。朱棣曾选派了一些儒士来提高内侍们的文化水平，郑和因此得以继续接受文化教育。朱棣府中有丰富的藏书，这让郑和获得了博览群书的机会。后来，他又多次跟随燕王征战，诸方面的能力都得到了磨炼。就这样，凭借着自身的聪明和努力，郑和很快就从内侍中脱颖而出。燕王对他赞赏有加，经常委以重任。

朱棣登上帝位后，提拔郑和为内官监太监。这是在皇宫中拥有较高地位的职位。朱棣对内大力发展经济，对外实行睦邻友好的政策，向海外各国派遣使臣通好。郑和本身形象出众，加上他的学识和能力，所以朱棣非常器重他，派他作为主要使臣与各国进行交流。为了宣扬德化，彰显国威，促进不同文明之间的相互交流，朱棣决定派遣郑和下西洋。1404年，朱棣正式下令，确立郑和为下西洋船队的最高指挥官。明朝时期，所谓西洋主要指的是今文莱以西的印度洋至波斯湾、北非红海海域及沿海地区。郑和船队在同各国的文化交流活动中，促进了明朝廷与周边国家发展友好关系，为明王朝立下大功。

郑和在下西洋之前，做了充分的准备。政府派船厂造了各类船只，其中的大号宝船长约140米，宽57米，可

朱棣

朱棣（1360年—1424年），明朝第3位皇帝，在位22年，年号“永乐”。在他统治期间，经济繁荣，国力强盛，史称“永乐盛世”。他曾命人编成《永乐大典》，内容包括经、史、子、集、天文地理、阴阳医术、占卜、释藏道经、戏剧、工艺、农艺等，涵盖了中华民族数千年来的知识财富，成为中国古代最大的百科全书。《不列颠百科全书》在“百科全书”条目中称《永乐大典》为“世界有史以来最大的百科全书”。

容千人，载重量达数千吨。船内有众多舱室，雕梁画栋，堪称豪华气派。其规模令半个多世纪之后的哥伦布船队望尘莫及。哥伦布船队由三艘远洋帆船组成，船员87人，其中的旗舰“圣玛利亚”号帆船船长23.66米，宽7.84米，同郑和船队的宝船有着霄壤之别。据史书记载，郑和每次出使西洋，都要装载大批丝绸、瓷器、金银器皿、农用器具以及中药材等，分发给所到地的国王，这些国家也派出使臣，带上本地的奇珍异宝当作贡物献给明朝廷。

1405年6月15日，郑和踏上了下西洋的航船。第一次下西洋时，郑和的队伍动用了208艘各种类型的船只，宝船是船队的核心。船队人员逾万人，里面有各个行业的精英人才，比如医官、医士、翻译、僧侣、房屋建筑师、船舶建造以及修理人员、厨师等。船上每150人就有一名医务人员，这在世界航海史上没有先例。船队携带了大量药材，医生不仅为船上的人员看病，还为所到地区的当地人诊治，了解不同地区的病症。医生们还会在所到之处搜集药材储备，用以治疗途中船上人员以及所到地区人员的各种病症。传说郑和的船队还带了几名接生婆，因为听闻西洋地区许多妇女和婴儿经常因难产而死，所以每至一处总要为当地人诊治并指导他们如何接生。

1405年11月，船队先后访问了吕宋（今菲律宾吕宋岛）、苏禄（今菲律宾苏禄群岛）、浡泥（今文莱）等国。至次年3月抵达占城国新州港（今越南平定省归仁港）。占城国自明太祖朱元璋时期就与明朝交好，国王为郑和船队的到来举行了盛大的欢迎仪式，并且献上了当地的特产。在船队停靠期间，双方进行了贸易往来与文化交流。中国的丝绸、瓷器深受当地人欢迎，中原地区的农耕工具与技术在交流中传入当地，郑和带领人员教当地人开垦梯田，种植小麦、水稻、茶叶等作物，大大提高了占城国的粮食产量。他们还教授当地人中草药的种植以及使用方法。当地人原本是没有纸和笔的，郑和让人向他们传授了造纸术以及笔、墨的制作方法，有力地促进了占城地区文化教育的发展。

在此之后，郑和船队去到满剌加（今马来西亚马六甲），同当地进行文化交流，并同当地政府订立了永久友好的盟约，互换了礼物。当地土壤贫瘠，粮食依赖进口，船队为他们带去了水稻种子和农具，并向当地人传授农耕知识，提高了当地的生活质量。船队随行的建筑师还教会了当地人建造房屋，并将船上载运来的砖瓦赠予他们，相传这是他们第一次使用砖瓦。

离开这里之后，船队抵达了苏门答腊（今印度尼西亚苏门答腊西北部），苏门答腊与明朝十分友好，曾向中国进贡特产。船队抵达之后，郑和向他们赠送了礼物，并代表明王朝举行了正式的封王仪式，进一步加强了两国的友好交流。又经过十几天的航行，船队抵达锡兰山国（今斯里兰卡），这里的人民信奉佛教，而国王却偏偏不信仰佛教，对人民横征暴敛，经常对海上的商船进行抢掠。郑和船队此来是为了奉劝国王改邪归正，可是国王听闻盛怒，企图对船队进行袭击。郑和不愿同他国起冲突，从和平的大局出发，离开此地，继续前往周边国家进行访问。船队的最后一站来到了古里（今印度半岛西南海岸的商港），船队将丝绸、瓷器等货物卖给了当地人民，买进了当地特有的香料、宝石、珍珠等物品。

至1407年，船队胜利完成第一次下西洋任务，回到出发地。这次航海的圆满成功具有重大意义，船队除了带回大量奇珍异宝，还宣扬了德化，同西洋各个国家进行了经济、文化交流，促进了文化的交融与发展进步，彼此之间建立了友好往来的关系。由于明朝廷奉行“厚往薄来”的原则，送出去的总是比接收到的多，因此受到海外诸国的广泛欢迎。他们无不踊跃朝贡，纷纷派出使者带着礼物跟随船队回来，明朝廷以丰厚的礼品回赠了他们，并准许他们将带来的大量特产在国内售卖，使他们收获颇丰。

在第一次航海圆满成功之后，郑和又先后6次出使西洋，至1433年，结束了最后一次航行。

据《明史·郑和传》记载，郑和曾先后出使了36个国家。郑和下西洋，通过传播中华文化，宣扬德化，帮扶弱小民族，抑制了强权与暴力，为解决东南亚各国之间的矛盾、建立和平局势做出了不懈努力，也获得了很大成功，有力促进了明朝廷同各个国家和地区之间的文化交流，促进了不同国家共同的发展进步，确保了彼此之间的和平友好，在中外历史上具有非常重要的意义。郑和出使西洋，开辟了一条“海上丝绸之路”。自此之后，海上航路复归清宁，周边国家依赖此航路安居乐业。亚非国家之间的经济、文化交流，中华文化的向外传播，在这种和平局势下得到了进一步的发展。

郑和下西洋同殖民活动有着本质不同。自汉朝开始，中国被称作“天朝上国”。汉朝、唐朝时期国力强盛，尤其是文明程度明显高于周边国家和地区，形成了以中国为宗主国、周边国家为藩属国的体系。藩属国称中国为天朝宗主国，把中国作为当时周边各国的政治、经济、文化中心。在这之后，中国的历代王朝一直以“天朝上国”的名义，同周边国家和地区保持着宗藩关系。宗藩关系的形成受到了先秦时期传统天下观以及华夷秩序的影响。传统天下观认为“天下一家，中国居中”。中原王朝认为自己居于天下的中心，因而自称为“中华”“中国”。这一时期，中原地区的文明程度显著高于周边，因而称呼周边及更远地区为“夷”。“天下观”以“仁”与“礼”为价值观，以“协和万邦”为目标追求，在实现方式上是“以德化人”“以礼待人”。先秦时期，中国的疆域并无明确的界限，中央会给宗室大臣分封属地，各宗室大臣通过对属地的管理共同维护和巩固了中央王权。随着秦王朝建立中国历史上的第一个大一统国家，王朝的疆域变得清晰，此时更加需要周边国家和民族的认同，以稳固中央王权。宗藩关系的建立正是为了实现对中央王权的保护。

史实证明，宗藩关系并未对周边国家的自主权和经济利益构成威胁，它们仍是领土完整、主权独立的国家。维护宗藩关系的手段主要是册封和朝贡。中原王朝对周边国王的册封，实际上仅是对既成事实的认可，即谁控制了中央政权，中原王朝就予以承认，并不干涉其内政，同时也不染指这些国家的领土，不谋求经济上的特殊利益。最明显的证据就是周边国家来朝贡，中原王朝往往会回赠价值远大于进贡的物品。这一方面是出于中国历来奉行的“厚往薄来”政策，另一方面也是为了维护作为宗主国的尊严，彰显大中华的大度与富有。这些都与殖民者割地赔款、掠夺财富、干预内政和外交，甚至派总督进行直接管理等殖民统治手段，在性质上有着根本的区别。从历史上看，中国虽一直处于大国地位，却从未有殖民主义的传统。

《剑桥中国明代史》中这样评价：郑和在不到20年的时间内跨越了半个地球，把明帝国的声威最大限度地远播到海外；在这个过程中，他进行了15世纪末欧洲的地理大发现的航行以前世界历史上规模最大的一系列海上探险。郑和历经28年的远航，为中国和世界各国人民带来了友好与和平。中国同30多个国家展开了文化与贸易交流，促进了彼此的合作与共赢。

几百年来，郑和一直受到世界各国人士的尊敬。直到现在，在东南亚各地还可见到纪念郑和的“三宝庙”“三宝垄”“三宝井”，并且几百年香火不绝。郑和身上体现的是中华民族百折不挠、开放包容、爱好和平的民族精神，他以非凡的智慧和勇气走出了国门，走向了世界，推动了中华民族同世界各国人民的经济、文化交流。郑和下西洋，通过不同种族、民族、国家之间的文化交流与认同，使中国文化得到了广泛的传播，向世界传递出中华民族的精神与风度，树立了中国兼容并

阿拉伯
印度
中国
非洲

蓄、合作共赢的大国形象。

习近平总书记多次在不同场合提到郑和，“600多年前，中国的郑和率领当时世界上最强大的船队7次远航太平洋和西印度洋，到访了30多个国家和地区，没有占领一寸土地，播撒了和平友谊的种子，留下的是同沿途人民友好交往和文明传播的佳话。”“这些开拓事业之所以名垂青史，是因为使用的不是战马和长矛，而是驼队和善意；依靠的不是坚船和利炮，而是宝船和友谊。一代又一代丝路人架起了东西方合作的纽带、和平的桥梁。”郑和精神体现了中华民族对和平的向往与美好追求，这也是中华民族绵延至今的宝贵的精神财富与文化基因。

第三章

民族团结，凝心聚力

中国历史上成就一统大业者往往十分注重加强民族团结。他们尊重少数民族的民族信仰和民族习惯，赢得了少数民族人民的拥护。他们通过开明的民族政策增进了民族情感，凝聚起民族力量。各民族逐渐在长期的交流融合中推动着中华民族形成了多元一体的格局。经过历史的积淀，各民族在中华民族这个大家庭中手足相亲、守望相助。国家统一成为中国历史舞台上的主旋律。维护国家统一成为中华儿女基因里的价值理念。

班超出使西域

历史记载

班超字仲升，扶风平陵人，徐令彪之少子也。为人有大志，不修细节。然内孝谨[①]，居家常执勤苦，不耻劳辱。有口辩，而涉猎书传。永平五年，兄固被召诣校书郎，超与母随至洛阳。家贫，常为官佣书以供养。久劳苦，尝辍业投笔叹曰："大丈夫无它志略，犹当效傅介子、张骞立功异域，以取封侯，安能久事笔研闲乎？"左右皆笑之。超曰："小子安知壮士志哉！"久之，显宗问固："卿弟安在？"固对："为官写书，受直以养老母。"帝乃除[②]超为兰台令史。后坐事免官。

——《后汉书·班梁列传》

（和帝永元）三年，班超遂定西域，因以超为都护，居龟兹。其条支、安息诸国至于海濒四万里外，皆重译

①谨：郑重，恭敬。
②除：任命官职。

贡献。九年，班超遣掾[①]甘英穷临西海而还。皆前世所不至，山经所未详，莫不备其风土，传其珍怪焉。于是远国蒙奇、兜勒皆来归服，遣使贡献。

——《后汉书·西域传》

以上记载节选自《后汉书》，讲述了班超投笔从戎，后来出使西域，以卓越的才能和智慧维护了民族和平的故事。

班超（32年—102年），字仲升，是东汉时期著名的军事家、外交家。他出身于儒学世家，父亲班彪、哥哥班固和妹妹班昭都是著名的史学家。班超自幼受儒学思想熏陶，遍览群书，孝顺父母，辛苦持家。从小接受的教育，令他志存高远。班超本人十分仰慕傅介子、张骞这类人物，他们都曾出使西域，为促使汉朝同西域各国的政治、经济、文化交流，巩固边防做出了很大的贡献。在班超心里，傅介子、张骞就是他的偶像，他也渴望成为那样的人。公元62年，班超的哥哥班固被召任校书郎一职，班超和母亲一起随哥哥迁往洛阳。由于家里经济条件不好，班

①掾：yuàn，原为佐助的意思，后为副官佐或官署属员的通称。

班固

班固，东汉时期著名的文学家、史学家，著有《汉书》。他出身儒学世家，在父辈们的熏陶下，9岁就能撰写文章，诵读诗赋，16岁进入太学，博览群书，对儒家经典及历史无不精通。

傅介子

傅介子，西汉时期的大臣、外交家。当时龟兹国和楼兰国这两个国家联合匈奴杀害了出访西域的汉朝使者，还抢走了使团所携带的财产。匈奴使者通过龟兹和楼兰的领土进入西域，并且开始明目张胆地拉拢西域的其他国家。傅介子带着两个士兵勇杀楼兰王，凭借自己的聪敏机智为国家立下大功。

明章之治

明章之治，指东汉汉明帝、汉章帝统治时期出现的“大治”景象，他们励精图治，使经济发展，社会稳定，东汉达至鼎盛。明、章二帝大兴学校，以儒治国，并从西域引进佛教，以致风俗醇厚，天下太平。

超依靠为官府抄写文书养家糊口。他感叹道：“大丈夫应该在边疆为国立功，成为傅介子、张骞那样的人物，哪能总在笔砚之间讨生活呢！”于是他投笔从戎，奔赴边疆，开始为实现自己的凌霄之志而奋斗不息。

当时正值东汉时期的汉明帝（28年—75年）在位。他是一位勤政爱民的皇帝，登基之后兴修水利，招抚流民，吏治清明，使人民安居乐业，开启了东汉时期的鼎盛局面，史称“明章之治”。他对内提倡儒学，实行休养生息的政策；对外致力于消除北匈奴的威胁。

匈奴是中国北方的游牧民族，这个民族的人都体格健硕，骁勇善战。在历史上很长一段时间里，他们都是中原地区的一大威胁。他们渴望在中原夺取一席之地，占据好的地理位置发展自己，所以一直以各种借口对中原王朝进行挑衅并发动战争。从秦朝开始，他们就与中原汉民族摩擦不断，至西汉时期开始发动大规模的战争。汉朝的名将大都有抗击匈奴的经历。汉武帝时期卫青、李广、霍去病等将军出于自卫反击曾大败匈奴。后来汉武帝派张骞出使西域，开拓了丝绸之路，加强了中原与西域的交流互鉴。随着西汉王朝没落，直至东汉初年，匈奴的力量日益壮大，占领和控制了大部分西域地区，著名的“丝绸之路”被阻断。匈奴在西域地区盘剥百姓，实行奴隶制统治，西域各国处于水深火热之中，纷纷派遣使节向东汉政府寻求保护。西域的人民渴望归服东汉，希望东汉政府能够效仿

前朝在西域重设都护府。在中国古代的汉、唐时期，都护府是中原王朝为督查边境各民族而设置的军事机关，其职责主要就是抚慰各个藩属国，如有外寇来袭，则坚决抵御外寇，为周边民族维护安宁、稳定的环境。但是当时东汉刚刚建立，政局未稳，百业待兴，汉光武帝致力于本国的恢复治理，没有能力去帮助他们。至东汉第二任皇帝汉明帝时期，国内生产得到恢复和发展，政权日益巩固，东汉政府开始联合西域各国共同对匈奴实行反击。汉明帝派窦固带兵征伐匈奴，同时任命班超出使西域，联络周边连年遭受匈奴侵扰的各国共同抵抗。公元73年，班超带着36个人踏上了平定西域的漫漫未知路。

班超以过人的胆识与才能游说于西域各个国家，配合东汉军队进攻匈奴。到公元74年，西域各国大多已摆脱匈奴的统治。东汉政府在西域设置了西域都护府，多年来，西域各国屡次要求东汉政府设置西域都护的愿望得以实现。鉴于班超的优异表现，他被任命为西域都护。班超在西域居住了31年，深得当地百姓拥戴。在这些年里，他凭借少数随从和兵力帮助西域诸国平定内乱，外抵强敌入侵，建立了不可磨灭的功勋，最终西域50多个国家都归附了汉朝。公元97年，班超派副使甘英出使大秦国（罗马帝

国），直达条支海（今波斯湾），将丝绸之路从亚洲延伸到了欧洲，再次打通已经衰落的丝绸之路。公元102年，70岁的班超希望能够落叶归根，回到了洛阳，在那里与世长辞。

汉明帝派班超出使西域，在那里设立都护府，既维护了东汉的国家安全，又促进了汉民族与西域少数民族之间的团结与融合，使得这一地区出现了前所未有的繁荣景象，促进了我国统一多民族国家的发展。“丝绸之路”的重新打通也进一步促进了东西方国家之间的商业往来与文化交流。

从古至今，历代明君都十分重视民族问题。他们以不同的方式开展民族工作，实现文化认同，增进民族感情，加强民族团结。今天，中国政府仍把民族关系作为工作的重点，把它当作一件关系国家长治久安和中华民族繁荣昌盛的大事来抓。加强中华民族大团结，长远和根本的做法就是增强文化认同，建设各民族共有的精神家园，积极培养中华民族共同体意识。通过扩大交往、交流、交融，创造各族群众共居、共学、共事、共乐的社会条件，让各民族在中华民族大家庭中手足相亲、守望相助。

唐朝与吐蕃“和同为一家”

历史记载

上曰：“夷狄亦人耳，其情与中夏不殊。人主患德泽不加，不必猜忌异类。盖德泽洽，则四夷可使如一家；猜忌多，则骨肉不免为仇乱。”

——《资治通鉴》卷一九七

大唐贞观中，户部奏言，中国人自塞外来归及突厥前后降附开四夷为州县者，男女百二十余万口。时诸蕃君长诣阙[①]顿颡[②]，请太宗为天可汗。制曰：“我为大唐天子，又下行可汗事乎？”群臣及四夷咸称万岁。是后以玺书赐西域、北荒之君长，皆称“皇帝天可汗”。诸蕃渠帅死亡者，必诏册立其后嗣焉。临统四夷，自此始也。

——《通典·边防十六·盐漠念》

十五年，妻以宗女文成公主，诏江夏王道宗持节护

①诣阙：yì què，指赴朝堂或赴京都。

②顿颡：dùn sǎng，屈膝下拜，以额触地。

送，筑馆河源王之国。弄赞率兵次柏海亲迎，见道宗，执婿礼恭甚，见中国服饰之美，缩缩愧沮。归国，自以其先未有昏帝女者，乃为公主筑一城以夸后世，遂立宫室以居。公主恶国人赭面，弄赞下令国中禁之。自褫[1]毡罽[2]，袭纨绡，为华风。遣诸豪子弟入国学，习《诗》、《书》。又请儒者典书疏。

——《新唐书·吐蕃列传》

开元十七年，玄宗遣皇甫惟明等使吐蕃。惟明等既见赞普及公主，具宣上意。赞普等欣然请和，尽出贞观以来前后敕书，以示惟明等。令其重臣名悉猎随惟明入朝，上表曰："外甥是先皇帝宿亲，又蒙降金城公主，遂和同为一家，天下百姓普皆安乐。"

——《太平御览·四夷部十九·西戎七》

以上记载节选出自多部典籍，共同反映了唐王朝所施行的开明的民族政策。唐朝时期开明的政策赢得了少数民族的拥戴。历史上，唐太宗李世民更是被少数民族尊称为

---

①褫：chǐ，脱去，解下。

②罽：jì，用毛做成的毡子一类的东西。

“天可汗”，成为天下的共主。

唐太宗（599年—649年）是唐朝第二代皇帝，是中国古代最杰出的帝王之一，他的其中一个杰出表现就是对少数民族采取了比较开明的民族政策。唐太宗十分推崇儒学，经常召集儒生畅谈古代经典，商议政教得失。儒学主张把四海之内的人民都当作自己的手足兄弟，这为实行开明的民族政策提供了理论依据。唐太宗宽待少数民族，他说：“少数民族的人民也是人啊，他们的情感和华夏儿女是一样的。作为百姓的君主担心的是德泽不能遍及天下百姓，而不是去猜忌他们。如若恰当地施加德泽，那么四夷就可亲如一家。”唐太宗开明的民族政策促进了民族融合，赢得了少数民族的拥护，少数民族自愿尊奉唐太宗为各族共同的首领“天可汗”，在他死后，少数民族人民都悲痛万分，足见其民族政策的成功。

唐朝是中国历史上最意气风发的时代，除唐太宗外，唐高宗、唐中宗、唐睿宗、唐玄宗也都曾被尊称为“天可汗”。美国学者斯塔夫里阿诺斯在其著作《全球通史》中写道，“唐朝被中国和西方许多历史学家称为最辉煌的时代”。唐朝时期曾出现“贞观之治”“开元之治”的盛世局面，是中国历史上最具有国际范的王朝，在文化、政治、经济、外交等方面都取得了很高的成就。那时候的新罗、高句丽、百济、渤海国、日本等周边属国在政治与文化上都受到了唐朝很大的影响。当时兼容并蓄的社会风气给来自不同地区的各个民族提供了一个空前的交流融合环境，同时中国也从外族文明中汲取了诸多养分。唐朝给中国和世界造成的影响延续至今，比如在国外，中国人会被叫作唐人，华人聚居的地方被称作唐人街。由于开放的观念、强盛的国力和先进的文化，唐朝吸引着各族人民与之交往。少数民族与唐朝加强了政治、经济、文化交流，中原的技术与文化传播到边疆少数民族地区，少数民族地区的特色物产和风土人情也进入中原地区，丰富了中原人民的生活。

在唐王朝国力蒸蒸日上之时，在中国西部的青藏高原上，有一个强大的吐蕃王朝兴起。吐蕃就是今天藏族人的祖先。唐太宗在位期间，吐蕃一个叫作松赞干布的人统一

赞普

赞普，吐蕃君长的称号。按照吐蕃的风俗，他们称强者为“赞”，称勇猛的人为“普”，所以把君长称作“赞普”。

了西藏各部，定都逻些（今拉萨）。松赞干布（617年—650年）是一个有杰出才能的人，他精通骑射，足智多谋，从父亲那里接过吐蕃赞普的位置后，平息叛乱，使吐蕃达到前所未有的兴盛局面。

吐蕃位于距离唐朝国都长安8000里的西部地区，那里经常有冰雹、积雪、大风，山谷常年冰封。吐蕃族人的衣服都是毡和皮制成的，他们以脸上涂赤褐色为美。妇女们要把头发编成辫子盘绕在头上。他们的器具都是用弯曲的木头做成，用皮革当作器具的底，或者用毡当作盘子，用炒面捏成碗，装上羹汤和奶酪连碗一起吃掉，喝酒则是用手捧着。原本的吐蕃族是没有文字的，他们依靠结绳刻木做记号。他们的刑罚也非常残忍苛刻，即使是犯了小罪，也要把人的眼珠挖了，或者剁脚、割鼻，用皮鞭抽打，行刑全依喜怒，没有固定的条例。

松赞干布知道要使吐蕃强盛，就要积极学习和吸收周边先进的文化。他十分仰慕唐王朝的文化礼乐和典章制度。公元634年，他派使者来到长安，同唐朝建立了友好的关系。他派人前往唐王朝学习，回到吐蕃以后制定了官制和法律，还创制了文字。几年之后，他再次派出使者带着奇珍异宝经历长途跋涉来到长安，向唐太宗请求通婚。

唐太宗深明大义，一贯奉行和睦、团结的民族政策，他答应了松赞干布的请求，将文成公主许配给了他。

公元641年，文成公主远嫁至吐蕃，唐太宗派出了军队护送，并给予了丰厚的陪嫁物品。文成公主嫁到吐蕃，受到了当地民众的热烈欢迎，能迎娶唐王朝的公主，对他们来说是一种莫大的荣耀。文成公主为吐蕃带去了金银珠宝、丝绸器皿、农作物种子、工具技艺、医药、历法、经史书籍，为吐蕃农业、文化、医学的发展奠定了基础。

松赞干布和文成公主夫义妇德，相处融洽，夫妻恩爱。松赞干布十分欣赏文成公主的德行和才华，文成公主不喜欢吐蕃人把脸涂成赤褐色，松赞干布就下令禁止。他自己也脱下毡裘，穿上精美的丝织衣物。他越来越仰慕唐风，派出吐蕃贵族们的子弟前往唐朝长安学习《诗》《书》，培养了仲琮、明悉猎等人才。他还派人为文成公主修建了举世闻名的布达拉宫，在宫殿的壁画上，他命人刻画了文成公主出嫁路上经历的艰难险阻和受到当地人热烈欢迎的场面。

文成公主入藏，把中原文化带入了吐蕃，使吐蕃民族得到了开化，吐蕃和内地的联系不断加强，唐朝许多酿酒、制磨、造纸等手工业工匠来到吐蕃教授当地人技艺，

金城公主

金城公主（698年—739年），唐中宗的养女。710年，嫁给吐蕃赞普赤德祖赞。金城公主在吐蕃生活近30年，巩固了唐朝与吐蕃的友谊。

中原地区的耕作方法和养蚕技术也传到那里。这一切都为促进汉藏友谊和民族团结、为祖国统一做出了重大贡献。文成公主与松赞干布的故事，以及他们推进藏族文化的功绩，至今仍以戏剧、壁画、民歌、传说等形式在汉藏民族间广泛传播。

后来吐蕃和唐朝的联系更为紧密了。到唐中宗时期，又有漂亮的金城公主嫁到了吐蕃，并带去了中原地区的锦缎、书籍以及熟知各种技艺的工匠，进一步促进了两地文化的交流和发展。吐蕃和唐朝订下盟约，两地互不侵犯，还建立了会盟碑，这块碑到现在还矗立在拉萨大昭寺门前，见证了双方多年的和平发展。吐蕃还向唐朝上书说：“吐蕃和唐朝和同为一家”。

唐朝的两位公主，文成公主和金城公主，不仅为吐蕃民族带去了中原地区先进的生产技术和中原特产，更是

将中原先进的文化传入吐蕃，促进了当地文明的进步和发展，使吐蕃和唐朝保持了多年的和平，双方关系亲近仿若一家人，在中国民族关系史上留下了千古传颂的汉藏两族友好的佳话。就这样，在唐朝，尤其是贞观年间，统治者

通过实行开明的民族政策，铸牢了民族情感，凝聚了民族力量，从而为唐朝的一统盛世奠定了基础。唐朝采取一系列举措，如减免少数民族地区的赋役，重用少数民族的人员，对各少数民族实行分封，在经济、文化、科技等各方面给予他们帮助，缓和了民族矛盾，赢得了少数民族人民的拥护。

中国多民族格局的形成正是历史上不同民族交流融合的产物。在进行民族交往、交流的过程中，各民族逐步接纳彼此不同的文化并相互影响，共同推动着中华民族多元一体格局的形成。

明朝推崇“华夷一家”

历史记载

朕既为天下主，华夷无间，姓氏虽异，抚[①]字如一。

——《明太祖实录》卷五三

四海内外，皆为赤子，所以广一视同仁之心。朕君主华夷，抚御之道，远迩无间。

——《明太祖实录》卷一百

蛮夷之人，性习虽殊，然其好生恶死之心未尝不同。抚之以安静，待之以诚意，谕[②]之以道理，彼岂有不从化者哉？

——《明太祖实录》卷三三

惟尔西番朵甘、乌思藏[③]各族部属，闻我声教，委身

①抚：安抚，安慰。
②谕：明白。
③乌思藏：明代称西藏为乌思藏。

纳款，已尝颁赏授职，建立武卫，俾安军民。迩使者还言，各官公勤乃职，军民乐业，朕甚嘉焉。尚虑彼方地广民稠，不立重镇治之，何以宣布恩威。仍赐各官衣物。呜呼！劝赏者，国家之大法；报效者，臣子所当为。宜体朕心，益遵守纪律。

——《明太祖实录》卷七十

上曰："华夷本一家，朕奉天命为天子，天之所覆，地之所载，皆朕赤子，岂有彼此。天道，恒与善人为君，体天而行，故为善者必锡之以福尔。今顺天道而来，君臣相与，共享富贵，勿忧也。"

——《明太宗宝训》卷五

从以上节选中可以看到，明朝统治者在对待少数民族问题上借鉴了唐王朝的方式。唐太宗实行开明的民族政策，使四海之内的民众和谐相处仿若一家。事实证明，他的民族政策是成功的。他被少数民族尊称为"天可汗"，实现了民族团结与融合，为后世树立了典范。受其影响，至明朝时期，统治者也推崇"华夷一家"，主张对少数民族与汉民族一视同仁，希望能够缓和民族矛盾，实现民族之间的和睦相处。

元朝末年，政治腐朽，农民起义如满天星斗，从南至北遍布全国。最终，朱元璋率领的起义队伍统一了南方，并于1368年出师北伐，攻陷元朝大都，结束了元朝的统治，建立明朝。

朱元璋出身贫苦，为了谋生计，他曾给人放过牛羊，经常吃不饱穿不暖。后来，遇到灾荒，他的父母兄弟都饿死了，为了有口饭吃，他出家当了和尚。没多久，寺庙里面的粮食也没了，他只得又到外面去讨生活。由于从小聪明伶俐，加上肯刻苦练功，在农民起义中，他很快得到赏识，渐渐在队伍中崭露头角。朱元璋儿时的伙伴欣赏他的才能，誓死追随他，他们一起出生入死，南征北战。在这个过程中，朱元璋聚集了不少人才，其中最有名的就是刘基。后世人常

刘基

刘基，字伯温，明朝开国元勋，精通天文、兵法、数理、诗文等。由于刘伯温学识渊博，精通各类知识，所以每当朱元璋遇到难题，都会向刘伯温讨教解决的办法，而这些问题也都迎刃而解。因此，在中国民间流传着“三分天下诸葛亮，一统江山刘伯温”“前朝军师诸葛亮，后朝军师刘伯温”的说法，刘伯温的才能学识可见一斑。

将他同诸葛亮相提并论。在刘基等人的辅佐下，朱元璋逐渐拥有了详细的政治、经济、军事战略计划，并对时局有了详尽的把握。此后，朱元璋的队伍逐渐发展壮大，成功灭掉了元朝。朱元璋建立明朝，成为明太祖。

生于乱世的明太祖，对元朝末年的民族歧视和压迫政策有深刻的切身感受。他十分清楚正是这样的民族政策导致了民族矛盾的激化与加深，从而加速了元朝的灭亡。他意识到如果仅仅依靠武力，不仅解决不了民族问题，反而还会激化矛盾，民族间的文化差异和风土人情的不同才是导致民族矛盾激化的关键。所以他登上帝位之后，决心改革元末的民族政策，他大力倡导“华夷一家”的思想，向天下宣称：“我既然是天下的君主，那么华夏民族和少数民族之间应当亲密无间，虽然姓氏有所不同，但是我对人民的爱护体恤是一样的。”“四海之内都是人民，所以我一定以一视同仁的心对待全体人民。我作为君主，对天下人民实行的抚御之道是一样的，无论远近都没有差别。”朱元璋用这种态度向天下人民表明了自己对少数民族和汉民族一视同仁之心，希望各民族能够实现和睦相处。这对于稳定民心、缓和民族矛盾，起到了很大作用。

在过去长期的交往中，民族之间存在偏见，中原汉族人民往往认为少数民族是野蛮民族。明太祖认为这些少数民族之所以被称作夷狄，并且不分种族身份杂处在一起，是因为他们不知礼义。所以，要实现各民族的互相接纳，消除民族偏见，就要用儒家思想对少数民族进行教化，通过创办学校发展教育，教导他们遵守伦理纲常。

在对西藏地区的治理上，明太祖采取了“因俗而治”的方法。自13世纪以来，西藏地区就一直处于中央的管辖之下。由于藏区少数民族人人信佛，佛教在那里是藏区人民的信仰，所以由此衍生出的教派势力成为那里实际的统治势力。唐朝时期，吐蕃民族在这里建立起的布达拉宫集宫殿、佛教寺院于一体，充分体现了当地“政教合一”的统治体系。所以，明太祖在藏区的治理上，实行的是“因俗而治”的方法，通过礼遇僧人、教派等尊重藏区特有文化体系的方式来促进民族间文化上的相互认同。他下令重建寺院，扩大规模，并亲笔为寺院题名“鸡鸣寺”。寺院规模宏大，占地逾千余亩。明太祖实行“多封众建”，即对藏族僧人分封“国师”，册封地方宗教首领以“法王”“禅师”等名号，保障他们已取得的权势地位，以此种方式对他们进行招抚。他们在中央王朝的统辖下，分别管理所属区域内的人民和

相关事务，保障了国家的安定与统一。

明朝还推行行都武卫制度，这一制度同“多封众建”相结合成为管理西藏地区的行政管理体制。行都武卫是保卫边疆的机构，负责管理屯田，以保障当地军队粮食的供应，维护地方的安定；他们还负责管理驿站，在中国古代朝廷设置驿站是为了飞报军务、传达文移、运送贡赋赏赐等，明朝廷通过设置行都武卫恢复对驿站的管理，保证了明朝廷对西藏地区文书、诏令的下达；同时行都武卫负责推动对少数民族的文化教育，提高当地人民的文化教育水平。这些举措对于促进汉藏人民的文化交流发挥了重要功能，同时也促进了西藏地区的稳定。经过努力，明太祖朱元璋在位期间，社会经济逐渐恢复和发展，国力迅速增强，出现了盛世局面，因其年号为洪武，史称此盛世局面为“洪武之治”。

1402年，朱元璋的儿子朱棣登上帝位，成为明太宗，年号为永乐。在少数民族问题上，他也推崇“华夷一家”，主张对各族人民一视同仁。他委派专人，编辑整理古人有关少数民族治理的言论，来训示子孙。他认为，蛮夷之人之所以杀戮成性，是因为他们没有习得礼义。作为游牧民族，他们习惯以抢掠作为手段，这在文明开化的中原地区是不可思议和难以接受的，所以必须对他们进行教化，而在教化难以推

明太宗

明太宗是明朝第三位皇帝朱棣的庙号，后来的嘉靖皇帝将其庙号改为成祖，所以朱棣后来又被称为明成祖。庙号是中国古代皇帝在太庙中被供奉时所使用的名号，基本上不改变。1521年，明朝第十位皇帝明武宗弥留之际，没有子嗣，按照长幼亲疏的关系，朱厚熜与明武宗最为接近，于是在明武宗去世后，朱厚熜继承帝位，即嘉靖皇帝。他为了追尊其亲生父亲兴献王为皇帝的身份，就改了明太宗的庙号为明成祖。

行的地区则要因势利导。受明太祖民族观的影响，朱棣继续施行原来的民族政策，大力提倡文教，对待少数民族采取宽容的态度，营造了各族人民和睦相处的环境，巩固了统治并实现了盛世局面，史称“永乐盛世”。

对于西北各族，明太祖时期一直尊重他们的宗教信仰和民族风情，并经常给予援助，不仅成功遏制了蒙古贵族南下，还维护了民族地区的安定和谐。明太宗继承了明太祖的方针策略，对于西北地区归降的部落首领，多实行招抚。他沿袭父亲的做法，封归附的部落首领以官职，给部落以经济援助。他以“厚往薄来”的方式，吸引了众多部落前来朝贡并表请明朝廷赐以爵位。明太宗通过在政治、经济、军事等各方面的举措，成功维系了西北地区的稳固

统治，并将明朝的势力范围拓展至新疆东部，促进了中原与西北地区的社会稳定、经济发展和民族融合。

历史上的民族融合与统治者实行开明的民族政策、促进彼此之间民族文化的认同有着密不可分的关系，这也推动着中华民族多次走向大一统盛世。当今中国在少数民族聚居的地方实行民族区域自治制度，这是尊重历史、合乎国情、顺应民心的必然选择。通过实行民族区域自治制度，国家尊重少数民族的民族习惯，保护少数民族享有保持或改变本民族风俗习惯的权利。每个民族都拥有自己独特的民族特色与文化，彼此之间互相吸引、影响，在相互的学习、交流中又不断形成各自新的民族文化。中华文化就是在这样的互嵌式文化格局中不断发展，各个民族之间形成了“你中有我，我中有你”的格局，在学习与交流中增强了文化认同，铸牢了中华民族共同体意识，各民族共同维护和发展着中华文化，形成了中华民族大一统的格局。

随着统一多民族国家的形成，中华儿女也深刻体会到国家统一、民族和平的重要意义。战乱频繁必会给人民带来无限灾难。人们内心深处渴望国家统一、社会安定和谐。维护国家统一早已成为深植于人们血液中的价值理念。在中国历史发展的进程中，虽出现过短暂的战乱与分裂，但国家统一始终是历史前进中的主旋律。国家统一是全体人民的共同夙愿，更是历史的大势所趋，是任何分裂势力都无法阻挡的。

第四章

仁民爱物，德化四方

在处理国与国之间的事务上，成就一统大业者往往以仁德行天下，以爱化育四方。儒家提倡四海之内亲如一家，坚持以仁爱之心同各国人民缔结友谊。正是源于这种文化的积淀，中国主张构建“人类命运共同体”，将自身发展和全人类发展紧密联系在一起，这也是对中华民族“穷则独善其身，达则兼济天下”优良文化传统的传承。

汉文帝感化南越王

历史记载

南越尉佗自立为帝，召贵佗兄弟，以德怀之，佗遂称臣。

——《汉书·文帝纪》

文帝元年，初镇抚天下，使告诸侯四夷从代来即位意，谕盛德焉。乃为佗亲冢[①]在真定置守邑，岁时奉祀。召其从昆弟，尊官厚赐宠之。……赐佗书曰："皇帝谨问南粤王，甚苦心劳意。愿与王分弃前患，终今以来，通使如故。故使贾驰谕告王朕意，王亦受之，毋为寇灾矣。上褚[②]五十衣，中褚三十衣，下褚二十衣，遗王。愿王听乐娱忧，存问邻国。"

"今陛下幸哀怜，复故号，通使汉如故，老夫死骨不腐，改号不敢为帝矣！谨北面因使者献白璧一双，翠鸟千，犀角十，紫贝五百，桂蠹一器，生翠四十双，孔雀二

①冢：坟墓。

②褚：丝绵衣服。

双。昧死再拜，以闻皇帝陛下。”

——《汉书·两粤传》

以上记载节选自《汉书》，讲述了西汉时期，汉文帝以自身崇高的德行感化了自立为王的南越国王，使其心甘情愿俯首称臣的故事。

西汉初年，汉高祖（前256年—前195年）刘邦统治时期，有一个叫南越的地方，位于今中国的西南地区。南越王叫赵佗，愿意臣服汉朝，成为汉朝的藩属国。双方约定互通有无，多年来彼此都讲信修睦，没有发生过战争。怎料在汉高祖死后，吕后临朝，开始和赵佗交恶，下令禁止向南越国出售铁器和其他物品，使得汉朝与南越国的矛盾

汉文帝

汉文帝，西汉第五位皇帝（前203年—前157年），他在位期间励精图治，兴修水利，厉行朴素，废除肉刑，实现了国家强盛安乐，百姓富裕小康，开启了“文景之治”的发端。在《汉书》《史记》《资治通鉴》等史书中均有关于汉文帝的相关记载。

激化。吕后还派兵去攻打南越国。于是南越王赵佗宣布自己独立，发兵进攻汉王朝属地。吕后得知后十分恼怒，就派人捣毁了赵佗先人的坟墓。就这样，南越国与汉王朝并立，双方敌对多年，一直僵持不下。后来吕后病死，汉文帝被群臣拥立为皇帝。

汉文帝即位后，派人为赵佗的先人重新修整了坟墓，设置了守墓人，并且一年四季都供奉祭祀着。他还请来了赵佗的堂兄弟，给他们封官加爵并给予丰厚的赏赐。汉文帝深知和平的重要性，不希望和南越发生战争，丞相陈平了解汉文帝的想法，于是就推荐了陆贾给他。陆贾曾在汉高祖在位时多次出使南越，与南越王有一些交情。于是，汉文帝决定派陆贾出使南越。

汉文帝让陆贾带了厚礼和一封自己亲笔写的信给南越

陆贾

陆贾，汉代力倡儒学的思想家，为西汉前期的统治思想奠定了基本模式。陆贾早年追随汉高祖刘邦，因能言善辩常被派遣出使诸侯。汉高祖和汉文帝时期，他两次出使南越，说服赵佗臣服汉朝，对安定汉初局势做出极大的贡献。

王，劝其不要再骚扰汉境，汉王朝仍愿承认他为南越王。信中写道：“我用最诚挚的心敬问南越王安好。即位之前，我被派遣到外地负责治理北边的属地，由于和南越国相距甚远，加上我性情孤僻、愚钝，所以一直不曾有机会和您相识。高皇帝去世之后，惠帝、吕后相继因病去世，诸吕作乱，破坏法纪。多亏了宗庙神灵的保佑和功臣们的不懈努力，朝政才得以稳固。大家推举我当皇帝，虽然一再辞让，深恐难当此重任，但朝臣们依旧坚持，因此，我不得已即位做了皇帝。从前我听说您曾给将军周灶写信，请求他帮您寻找兄弟，于是我就派人四处打听找到了您的兄弟。您父母的坟墓年久失修，我令人重新修整了一番，并安排了守墓人。前些日子，我听说您发兵攻打长沙国，战争对百姓的伤害真是太大了，没有哪一方能成为真正的赢家。一旦发起战争，就会造成死亡，死的人不是别人的丈夫，就是别人的儿子。我实在是不忍心这样做的。我问了大臣们，他们说长沙国之所以跟您的国土交错，也是先帝为了隔绝我们两国。先帝定的事情，我不能改变。况且，我就算得了一块您的土地，也不能让我国土大多少，就算得了您的钱财，也不能让我富裕多少。所以以后，五岭以南的土地，您就按自己的意愿去治理。现在您也称帝

长沙国

汉朝初期，长沙国是当时直属朝廷管理的一级行政区的诸侯国，实行世袭制。

了，那我们就都是皇帝了，皇帝之间不能没有使节，仁者不会这样的。我希望与您共弃前嫌，从今往后，双方还像原来一样互通使者。希望您能接受我的建议，赠送给您厚绵衣五十件，中绵衣三十件，薄绵衣二十件，希望您能够多欣赏乐舞，解除忧愁。”

从信中可以看出，汉文帝言语谦卑。他本贵为一国之君，却屈尊给一个封地自称为王的人写信，口气还如此客气。为了避免战争，他愿意承认赵佗为王的身份，与其划疆而治，这是何等的难得！而这一切只是为了不让老百姓重新陷入水深火热之中。他身上所体现的正是中华文化以和为贵的特质。这种文化特质来源于他一直以来接受的儒家文化的熏陶，希望天下能够和平、安宁。正是这种从大局出发的意识，使他能够甘愿屈尊降贵，写信给南越王；也是由于儒家文化中“四海之内皆兄弟”的文化精髓，使得汉文帝能够切身体会赵佗的感受，从他的角度出发考虑问题，为赵佗的父母修缮坟墓，并帮他找回自己的兄弟。

经过长途跋涉，昼行夜宿，陆贾终于到达了南越国。他感受到了岭南地区文化的发展和社会进步。原来赵佗治理南越，非常重视利用中原先进的文化和伦理道德教化、引导南越人，教育他们赡养老弱、废除群婚。还利用行政手段推广中原汉字，教育南越人习得汉字、学习礼义，从而使原来蛮夷之地的人民身上渐渐显露出礼乐文化的踪影。

赵佗听闻陆贾这位老朋友到来，十分高兴并接见了他。陆贾不敢耽误片刻，赶紧将信给了南越王。听说皇上写信给自己，南越王有些许惊讶，他读完信，极其感动，握起老朋友的手说："汉皇帝真是忠厚贤明！他这么虚心诚恳地待我，我愿意遵奉汉皇帝的命令，永远做汉朝的藩臣。"说罢，他叩头谢罪，宣布"汉皇帝是真正贤明的天子，自今天起，南越国废除帝号。"

赵佗还给汉文帝写了回信，上表了自己甘愿臣服的决心。信上写道："老臣我一直就在越国这里任职。高祖认可了我，让我做南越王。到后面汉惠帝时期，也给予了我们很多封赏。可吕后当政之后，就下令不跟我们贸易往来。我们很惶恐，就三次派人去向朝廷谢罪，不过三次去的人都没能活着回来。后来惊闻我父母的坟墓被破坏，我的兄弟们也被杀掉了。我们没有办法，就只能自力更生了。又听说是因为长沙国进谗言，所以我才派兵去攻打长沙国。老臣我在这里任职已经49年了，现在孙子都有了。

因为不能作为汉臣，所以我现在一直吃不好，睡不香，没有心思欣赏美景，听美妙的音乐。现在陛下您可怜我，让我恢复汉臣的身份，可以跟大汉通信，我就是死了，骨头也不会腐朽了。我再也不称帝了。”赵佗还以臣礼献上了白璧一对，翠鸟千只，犀角十个，紫贝五百枚，桂蠹一瓶，翡翠四十对，孔雀两对。

陆贾拜别了赵佗，回去向汉文帝把事情的经过讲了一遍，并献上了赵佗的书信和礼物，汉文帝非常高兴，厚赏了陆贾。从此以后赵佗认真做起了汉臣，每年都向皇帝进贡，按诸侯的礼节侍候朝廷。

在中国历史上，汉文帝是一位被传颂了2000多年的“帝王楷模”，为后人推崇备至。他施行仁政，用德孝治天下。他严于律己，节俭淳朴，改善民生，知人善任，清明吏治，敦厚风俗，开创了历史上有名的“文景之治”。

文景之治

西汉汉文帝、汉景帝统治时期，重视以德化民，使得当时社会安定、百姓富裕，呈现出和平昌盛之世，历史上把这一时期的统治称为“文景之治”。

他能够感化南越王主动臣服，避免战争，造福天下苍生，靠的就是自身崇高的德行。其实，赵佗本就已经向汉高祖刘邦称臣，后来吕后当政时又自立为王了。到了汉文帝时期，赵佗直接用了天子仪制，明目张胆地表示不服。作为大汉的皇帝，汉文帝没有怒不可遏，反而还为赵佗父母的坟冢设置专人守卫、照料，并且厚待他的兄弟。在写给赵佗的信里也满是谦逊，客气得让赵佗都不好意思了，心甘情愿臣服于汉王朝。《晋书·段灼传》中记载："昔汉文帝据已成之业，六合同风，天下一家。"可见后人对汉文帝的丰功伟业万分钦佩。

今天，穿越历史的时空，体会和借鉴汉文帝的政治智慧，有着积极的意义。中国传统文化是以"和"为贵的文化，是追求"道"的文化，坚持以仁爱之心同天下各国人民缔结友谊，而只有通过不断提高人民的思想道德水平和文明素养，才能够真正培养起人民的仁爱之心，使四海之内都能够亲如一家。正是源于传统文化的积淀，这种思想成为中国当代外交思想的重要理论源泉。当今中国倡导人与人之间、国与国之间相互尊敬、相互平等、和谐共处。中国新型外交政策以协和万邦为内核，旨在建立良好稳定的国际秩序，在追求本国利益的同时，兼顾他国合理关切，增进人类共同利益，促进共同发展与繁荣。这正是中国积淀的传统文化在当今世界舞台上开出的灿烂之花，相信经过努力，一定能够结出仁爱和平之果。

羊祜德化敌国

历史记载

羊祜，字叔子，泰山南城人也。世吏二千石，至祜九世，并以清德闻。及长，博学能属文。身长七尺三寸，美须眉，善谈论。太原郭奕见之曰："此今日之颜子[①]也。"

帝将有灭吴之志，以祜为都督荆州诸军事、假节，散骑常侍、卫将军如故。祜率营兵出镇南夏，开设庠序[②]，绥怀远近，甚得江汉之心。每与吴人交兵，克日方战，不为掩袭之计。人有略吴二儿为俘者，祜遣送还其家。后吴将夏详、邵顗等来降，二儿之父亦率其属与俱。吴将陈尚、潘景来寇，祜追斩之，美其死节而厚加殡敛。景、尚子弟迎丧，祜以礼遣还。吾感其恩甚，率部曲而降。祜出军行吴境，刈谷为粮，皆计所侵，送绢偿之。每会众江沔游猎，常止晋地。若禽兽先为吴人所伤而为晋兵所得者，皆封还之。于是吴人翕然悦服，称为羊公，不之名也。

①颜子：颜回（前521年—前481年），春秋末期鲁国思想家，是孔子最得意的弟子之一。

②庠序：指古代的地方学校。

祜与陆抗相对，使命交通，抗称祜之德量，虽乐毅、诸葛孔明不能过也。抗尝病，祜馈之药，抗服之无疑心。人多谏抗，抗曰："羊祜岂鸩人者！"抗每告其戍曰："彼专为德，我专为暴，是不战而自服也。各保分界而已，无求细利。"孙皓闻二境交和，以诘抗。抗曰："一邑一乡，不可以无信义，况大国乎！臣不如此，正是彰其德，于祜无伤也。"

疾渐笃，乃举杜预自代，寻卒，时年五十八。帝素服哭之，甚哀。南州人征市日闻祜丧，莫不号恸，罢市，巷哭者声相接。吴守边将士亦为之泣。襄阳百姓于岘山祜平生游憩之所建碑立庙，岁时飨祭焉。望其碑者莫不流涕，杜预因名为堕泪碑。

——《晋书·列传第四》

以上记载节选自《晋书》，讲述了晋国名将羊祜以仁爱之心化解战争、感化敌国军民的故事。

东汉末年，天下陷入一片混乱，群雄并起，最终司马炎建立晋国，统一天下，社会呈现繁荣景象，史称"太康之治"。司马炎能够统一中国，与其善于任用贤臣有着很大关系，而在这之中，有一个叫羊祜的人，以德行感化敌国君民，实现了两国边境人民的和谐共处，推动了晋国出现大一统盛世。

羊祜，晋国人，著名的战略家、政治家和文学家。他出身于名门望族，祖上几辈人都是高官。据说羊祜身高有七尺三寸，须眉秀美，举止潇洒，儒将风范。羊祜为人心胸宽广，博学多才，仁德爱民。公元272年，历史上著名的西陵之战爆发，晋武帝派将军羊祜率军支援西陵。古人打仗一般是“兵马未动，粮草先行”，羊祜打算用船运送粮草，而吴国将领陆抗先他一步命人毁坏了堰坝，阻断了晋军的水上运输通道。

由于粮草不足，羊祜率领的军队路过吴国的田地时，只得靠收割田地里的稻谷来充当军粮，但是羊祜规定，晋军在吴国田地里收粮必须照价补偿，不可以多拿一粒一粟。每次收粮，他都会让人算好稻谷的数量，用绵帛作为交换。打猎的时候，他规定不得越过边界线，如果猎物是吴军先打伤的，被晋军拾到，必须原物奉还。在荆州边界，羊祜对吴国百姓和军队都讲究信义，每次作战，羊祜都要提前宣战，明令禁止部下对吴军进行偷袭。对于吴方的家眷，从不伤害。据说有一次，他的士兵在边界抓到了两个吴国军中大将的孩子，羊祜听说后，马上下令把孩子

送回去。这些行为彰显了羊祜大仁大义的良好品行，所以尽管吴国与晋国两国交战，但是羊祜的仁义之举令吴国人民深受感动。正是由于这些仁义之举，羊祜不仅把自己管辖的区域治理得井井有条，而且使两国边境的百姓也相处得很好，他在吴国百姓心目中树立了极高的威望，人们都十分尊敬羊祜，称他为“羊公”。凡向羊祜投降的人都得到了宽待，加上吴国国君昏庸无能，人民本就苦不堪言，不少士兵已经失了斗志，纷纷投靠了羊祜，就连吴国边境的百姓有很多也离开了吴国。

羊祜的对手陆抗是吴国的名将，同样是名门之后。陆家是江东地区世代显赫的贵族，陆抗的母亲是早期吴国政权奠基者孙策的女儿，父亲是当年火烧连营七百里、一举

乐毅

乐毅，战国时期杰出的军事家，辅佐燕昭王振兴燕国，主张以德化人。

诸葛亮

诸葛亮（181年—234年），三国时期蜀汉丞相，杰出的军事家、政治家、文学家、书法家，是中国历史上一位德才兼备的贤明之士。

攻破刘备大军的陆逊，所以陆抗也可以说是一代枭雄，与父亲一样是吴国的中流砥柱。陆抗心中十分敬重这位对手羊祜，他曾当众称赞羊祜的德行是连乐毅、诸葛亮这样的人物都不能企及的。陆抗常告诫自己的兵士：“羊祜以德化人，如果我们继续暴力侵夺，只能是节节败退。眼下，我们也只能保住边界，就不要为了谋取利益去争夺侵扰他国了。”

有一次，晋军的使者来访，陆抗详细询问了有关羊祜的一些情况，深感自己与羊祜志趣相投，遗憾不能和他一起饮酒、高谈，于是就命人取来一壶酒拿给晋国使者说：“这是我珍藏的美酒，你带回去给你们主帅，答谢他归还猎物的情分！”使者回到营中，向羊祜详细讲述了当天的情况，羊祜面露喜色，打开壶盖就要喝。众人赶紧劝他：“这个酒不知道是否被人动了手脚，还是先不要喝为妙！”羊祜从容笑道：“陆抗不是会下毒的小人，你们多虑了！”说罢，不顾众人的劝阻，将酒一饮而尽。

又有一次，羊祜接见陆抗的使者，问他陆抗将军可否安好，使者说：“将军病倒多日了。”羊祜详细询问了陆抗的情况，对使者说：“他的病和我原来曾得过的病很

像，我这里有一副疗效不错的药，你拿回去给他服下，应该很快就能好。”吴国使者依照吩咐把药拿给了陆抗，并转述了羊祜的话。众兵士一听说是敌人拿来的药，极力劝阻陆抗勿要轻信了羊祜。陆抗说：“羊祜的为人我信得过，以他的德行是不可能做出那种偷梁换柱之事的，你们就不要怀疑了！”他力排众议，服了药，结果第二天病就好了。

羊祜镇守晋国边境，陆抗镇守吴国边境，羊祜用自己的仁义行为、宽阔的胸怀感化了所有人。原本蓄势待发的一场战役，竟维持了多年的和平，避免了兵戎相见、血腥厮杀的场面。

公元278年，羊祜病逝，举天同哀。晋国皇帝司马炎亲自穿着丧服哀痛羊祜的离世，寒冬腊月，司马炎的泪水流到鬓角胡须上都结成了冰。荆州百姓听闻羊祜的死讯，街巷之间痛哭声不绝于耳，吴国的将士也为此悲痛不已。羊祜的仁德万古流芳，百姓为了纪念他，就在他生前喜欢赏游的岘山建了一座碑，每逢时节，百姓都要到这里来祭拜他，看到碑就想到他的仁德而泪流不止。后来这座碑就被称作“堕泪碑”，直到现在，这座碑还立于湖北省襄阳市的岘山上。

羊祜一生追求大道，以仁德之心感化了敌国百姓和将士。他自身充满了儒者风范，顺天应时，宽厚仁德。在中国古人看来，善于治理国家的人，对待百姓就应像父母爱护儿女、兄长疼惜弟弟一样，见到他们饥寒交迫就为他们感到哀伤，见到他们劳苦奔波就为他们感到忧愁，为君、为官者爱民如子、视民如伤，作为老百姓就能够做到把自己的身心都奉献出去，竭尽全力。羊祜正是凭借自身的德行，让吴国的百姓、将士也乐意投奔他。

汤因比认为“爱的问题是经常伴随人类生活的一个基本伦理社会问题，并且在今天已经成为急需解决的一个问题。”儒家认为作为一个仁者，应当具备仁爱之心，能够做到爱敬他人，那么其他人也会爱敬他。在中国文化中讲究天人一体，把天下当作一个大家庭。通过实现人与人之间的互爱互敬，达至整个社会的老年人能够安享天年，青壮年人能够有工作机会，少年儿童能够健康成长，孤苦无依丧失劳动能力的人能够得到供养，这就是中国传统文化中所追求的天下一家的理想社会。

要实现中国传统的“天下观”，主要依靠的是文明魅力，以仁爱之心行天下。这种传统深深影响着我国的外交策略。中国几十年来在致力于自身发展的同时，一直坚持向其他陷入困难的国家施以援手。习近平总书记主张把中国人民的利益同各国人民的共同利益结合起来，支持和帮助发展中国家，特别是最不发达国家，减少贫困、改善民生，实现各国共同发展。同时，中国尊重各受援国自主选择发展道路的权利，决不把提供援助作为干涉他国内政的手段。我们向世界宣告，中国将在国际事务中坚持正确义利观，即“不义而富且贵，于我如浮云”“国不以利为利，以义为利也”，强调取利有道、先义后利、重义轻利。

“圣人可汗”隋文帝

历史记载

上览而善之，因下诏曰：建国重道，莫先于学，尊主庇民，莫先于礼。自魏氏不竞，周、齐抗衡，分四海之民，斗二邦之力，递为强弱，多历年所。务权诈而薄儒雅，重干戈而轻俎豆[①]，民不见德，唯争是闻。

——《隋书·卷四十七·柳昂传》

七德既敷，九歌已洽，要荒咸暨，尉候无警。于是躬节俭，平徭赋，仓廪实，法令行，君子咸乐其生，小人各安其业，强无陵弱，众不暴寡，人物殷阜，朝野欢娱。二十年间，天下无事，区宇之内晏如也。考之前王，足以参踪盛烈。

——《隋书·卷二·高祖纪下帝纪第二》

①俎豆：俎和豆是古代祭祀、宴会时盛肉类等食品的两种器皿，这里指祭祀。

虽复建立庠序，兼启黉塾[①]，业非时贵，道亦不行。其间服膺儒术，盖有之矣，彼众我寡，未能移俗。然其维持名教，奖饰彝伦[②]。治国立身，非礼不可。朕受命于天，财成万物，去华夷之乱，求风化之宜。

——《隋书·卷四十七·柳昂传》

以上记载节选自《隋书》，讲述了隋文帝大力推行儒家道德教化、敦化风俗、施行仁政，被少数民族尊称为“圣人可汗”的故事。在西方人眼中隋文帝是中国最伟大的皇帝，他曾建立隋朝、统一全国，结束了中国南北分裂和几百年战乱。

隋文帝杨坚（541年—604年）在位期间，锐意改革，政绩卓著。他以仁德行天下，励精图治，使隋朝政权稳定、积蓄充盈，创下“开皇之治”的盛世局面。可惜他在晚年时期由俭入奢，荒唐昏庸，恣意声色，其继任者隋炀帝又好大喜功，完全不顾民力，四处征战，导致民变频起、天下大乱，由于背离了道，隋朝最终二世而灭。尽管

①黉塾：hóng shú，指学校。
②彝伦：常道、伦常。

如此，隋文帝在历史上的功绩仍是不可磨灭的。西方著名汉学家崔瑞德曾在《剑桥中国隋唐史》中盛赞隋文帝；英国《卫报》2001年评选的百位世界史上最伟大的皇帝，隋文帝在中国皇帝中高居榜首；在美国《时代》周刊评选的古代世界最伟大人物中，隋文帝同样居于榜首。

在中国历史上，隋文帝被当时的北方少数民族人民尊称为“圣人可汗”，这个名号不是靠武力强迫少数民族承认的，而是少数民族自觉自愿地以此称号来尊称隋文帝。这是为什么呢？

汉朝灭亡以后，中国进入混乱的魏晋南北朝时期。这一时期，少数民族纷纷入主中原，掀起了连年战火，使汉民族陷入了长达300多年的战乱之中，这段时期类似于罗马帝国覆灭后的欧洲黑暗时代。公元581年，汉族人杨坚废除了胡人建立的周朝，建立隋朝，史称隋文帝。经过一系列举措，隋文帝在公元589年统一了中国，结束了中国数百年严重分裂的局面，使中国重归和平。隋文帝能够重新统一中国，他面临的困难比之前秦始皇首次统一中国还要大，这在西方人看来是不可思议的，所以对他的评价非常高。他建立了中国历史上一个强大的帝国，并使中国成为当时世界上最强大的帝国，他励精图治，使隋朝政权稳固、社会安定、积蓄充盈、人口锐长，为后来大唐盛世的到来奠定了基础。隋文帝的为人和他的丰功伟绩，为他赢得了盛赞。

统一全国后，隋文帝实行了很多巩固统一的措施，使连续300多年的战争得以停止，全国安宁，南北民众获得休息。隋朝刚刚建立时，被战乱破坏后的传统文化满目疮痍，隋文帝认为儒学的教化功能可以规范人际关系，稳

科举考试

科举考试，是隋唐以来封建王朝定期举行的中央或地方级考试，是中国古代通过考试选拔官吏的制度。科举制度是封建时代所可能采取的最公平的人才选拔形式，它扩展了国家引进人才的社会层面，吸收了大量出身中下层社会的人士进入统治阶级。特别是唐宋时期，科举制度正当发展成熟之初，显示出生气勃勃的进步性，形成了中国古代文化发展的一个黄金时代。14世纪，欧洲来华人士将中国通过科举（即统一考试）选拔人才的模式，向本国做了详细介绍和推荐。其中，英国人对此最有兴趣，英国当时的学术界和开明官员，力主仿效中国文官取士手段，机会均等，公开考试。1853年，英国王室任命查理·特罗维廉和斯坦福·诺斯科特两位爵士，负责英国文官制度的改革和方案草拟。他们向国会提交了《关于建立英国常任文官制度的报告》，报告中的主要观点就是建议学习、实行中国的科举制度，通过公开的考试手段招聘官员。两位爵士的报告被英国国会采纳。此后、法国、美国等许多欧美国家不同程度地借鉴了中国考试制度的优越性。

定社会秩序，因此决定实行儒家以礼治国的方法，通过让人们重拾传统文化，统一价值观，改善社会风气，增强不同民族之间的凝聚力。为此，隋文帝大力发展教育，兴办学校，还把儒家经典作为科举考试的重要内容，在全社会弘扬学习儒家文化的风气，提高人们的道德素养，敦化风俗。隋文帝以身作则，崇尚节俭，不允许对宫殿进行过多的装饰，对所居之所从不过度讲究，就连出行乘坐的车子都是破了修补后还继续用。虽贵为天子，他在食物上从不挑剔，只要吃饱即可，并不要求饭菜有多么精致美味，生活中也从不用金玉饰品。隋文帝深知节俭对于一个国家的重要性，所以他也要求官员节俭，以此来避免奢侈腐化之风。中国古人认为节俭对于一个人的心性有很大益处，一个人如果通过节俭积累了财物还能够施舍给别人，他的仁慈心就会提升，他自身的欲望就不会太膨胀，就更不会用不义、不法的手段占有不属于自己的东西。

隋文帝施行仁政，以自身的德行感化了众人。他下令修建了多个粮仓，因他平时节俭，懂得居安思危，所以很快各个粮仓就充盈起来。据记载，有一年关中地区遭遇旱灾，发生饥荒，隋文帝开放粮仓，调出3亿多斤粮食运往灾区，赈济灾民。隋文帝还派官员到关中地区看望灾民饮

食，当看到官员们带回的百姓日常所食的豆屑杂糠，隋文帝深感愧疚与辛酸，不禁泪流满面。后来这件事在臣民们中传颂开来，大家都十分感动能拥有这样一位仁民爱物、视民如伤的好皇帝。隋文帝勤政爱民，他带领百官励精图治，多次下令减免徭役和租税。他大力实行仁政，社会上的风气得到了很大的改善，整个社会得到了快速发展，实现了“开皇之治”的盛世局面，四海之内的人民都乐意归服他。

隋文帝登基时全国人口400万户，到后来发展至800多万户，约5000多万人。《剑桥中国隋唐史》中有这样的评价：“隋朝消灭了其前人的过时的和无效率的制度，创造了一个中央集权帝国的结构，在长期政治分裂的各地区发展了共同的文化意识，这一切同样了不起。人们在研究其后的伟大的唐帝国的结构和生活的任何方面时，不能不在各个方面看到隋朝的成就，它的成就肯定是中国历史中最引人注目的成就之一。”

隋文帝是中外历史上第一个被称为“圣人可汗”的皇帝，他不仅是中原人民的皇帝，也是周边游牧民族的可汗，这是中国政治史上的一个极大荣耀。当时隋朝经常受到少数民族突厥的骚扰，同时突厥内部发生分裂战乱，其

可汗

可汗，中国古代部分游牧民族对其最高首领的称呼，类似于皇帝或国王之意。最早使用“可汗”一词作为一国之主称号的是中国古代北方的少数民族柔然族，402年，柔然首领社仑统一漠北后自称可汗。突厥、回纥、蒙古等政权对首领皆称可汗。

中一支由启民可汗率领的部众被另一支突厥力量追杀，无处可逃，慌乱中率领部众前来归附隋文帝。隋文帝给了这个部落经济支援，让他们发展生产，又给他们划了一块区域，专供突厥民众生活，让他们在那里进行畜牧生产。他没有逼迫他们改变自己的风俗习惯，而是以此种方式给予他们尊重，让他们可以保留原有的生产、生活、婚姻、服饰等方面的习俗。隋文帝还把安义公主嫁给突厥的可汗，以示彼此之间和平共处的愿望。在隋朝的帮助下，这支突厥部落渐渐壮大，启民可汗及民众都感念隋文帝的恩情，心甘情愿臣服于他，接受他的领导，并尊称他为“圣人可汗”。即使在隋文帝去世多年之后，启民可汗和突厥百姓仍念念不忘，时常追忆他的恩德。

中国自古以来就秉持天下人我是一体的观念，当体

悟到人与天地万物一体的关系，人们就不会去侵害周围的事物，因为伤害它们就是在伤害自身。隋文帝以仁政治国卓有成效，又帮助和感化了突厥，彰显了隋朝天子的恩德，充分体现了中华文化中天人一体的特点。通过对突厥的帮助，隋朝换来的是彼此之间长久的和平与友谊。在和平的环境下，隋朝与突厥民众得以休养生息，互通有无，政治、经济、文化等各方面有了极大的进步和发展。

中国传统文化从仁爱之心出发，把四海之内的人都视作手足兄弟。儒家主张仁爱，倡导“亲亲”“仁民”“爱物”，即从爱自己的亲人开始，到爱护天下人，再上升至爱护万物的博爱精神。当今中国积极倡议“一带一路”建设和人类命运共同体，正是对这种仁民爱物思想的继承和发展，是根植于中华5000年文明的文化沃土之中的，所以自产生之日起，就一直秉承“追求本国利益时兼顾他国合理关切，在谋求本国发展中促进各国共同发展”的理念。只有对中国传统文化的精神内核有了深刻理解，才能真正领会其中的真谛。

在西方文化中，宗教思想是其文化的主流，基督教倡导“凯撒的物当归凯撒，上帝的物当归给上帝”，确立起了一个物我分离、主客对立的二元世界。这种二元对立使得西方秉持的是崇力尚争的价值取向，在人与人的关系上，突出个人的自由权利。但是如果每个人都无限突出自己的个人权利，那么冲突将不可避免。法国存在主义哲学家萨特认为“他人即地狱”。汤因比认为，“按西方人的心理，在一个社会里同时存在着几个宗教是很难理解的。这是因为基督教这一西欧古老的宗教，在三个排外犹太系宗教中是最不能容忍别人的宗教。”“旧中国，佛教这一外来的宗教也是哲学，跟原有的具有宗教和哲学两重性的道教和睦共存。除极短时间外，跟儒教这一国教的哲学也是友好相处，而且关系十分协调。”在对待外来文化上，儒家以其兼容并包的特色，实现了儒道互补、援佛入儒、儒释道合一，后来也与基督教、伊斯兰教共存，这就是中国文化能够做到化敌为友、消弭冲突的原因所在。

中西方之间根深蒂固的文化差异不是一朝一夕能够消除的，但在历史和实践的检验中，随着与世界各国携手并进，共同发展，中国将与更多国家在“四海一家”、美美与共的理念上达成共识，中国文化所秉持的天人一体观必将被更多人所理解。习近平总书记引用“既以为人，己愈有；既以与人，己愈多”（《道德经》）这句话，正表达了中国在与世界各国进行往来时所一直坚持的合作共赢的理念。“中国梦”愿与世界各国的梦想互相呼应，在发展中不断实现战略对接、优势互补，共同走上繁荣之路。

历史名言

1. 修其教不易其俗，齐其政不易其宜。

——《礼记·王制》

2. 宣文教以章其化。

——汉·荀悦

3. 攻取者先兵权，建本者尚德化。

——《三国志·魏书十·贾诩传》

4. 殷周之盛，诗书所述，要在安民，富而教之。

——《汉书·食货志》

5. 欲安时兴化，不先富而教之，其道无由。

——《晋书·列传第三》

6. 治以教化为本。

——《宋史·列传第一百七》

7. 法令禁于一时，而教化维于可久。

—— 清 · 玄烨

8. 教化之移人也如置邮焉。

——唐 · 刘禹锡

9. 服民以道德，渐民以教化。

——宋 · 欧阳修

10. 教化可以美风俗。

——宋 · 王安石

11. 立辟雍庠序，修孝悌敬让，明以教化，感以礼乐，所以奉人本也。

——《春秋繁露 · 卷六》

12. 圣人之道，不能独以威势成政，必有教化。

——《春秋繁露 · 卷十一》

13. 有觉德行，四国顺之。

——《诗经 · 大雅》

14. 论礼乐，正身行，广教化，修礼乐，美风俗，兼覆而调一之，辟公之事也。

——《荀子·王制》

15. 教化喻于民，三百之城，足以为治；民无廉耻，虽有十左氏，将何以用之?

——《战国策·卷十》

16. 上自黄帝，下及三王，莫不明德教，谨庠序，崇仁义，立教化。此百世不易之道也。

——《盐铁论·卷六》

17. 宣明教化，以亲万姓，则六合之内和亲，庶几乎无忧矣。

——《汉书·元帝纪》

18. 是故古之王者莫不以教化为大务，立大学以教于国，设庠序以化于邑。教化已明，习俗已成，天下尝无一人之狱矣。

——《汉书·礼乐志》

19. 出入相友，守望相助，疾病则救，民是以和睦，而教化齐同，力役生产可得而平也。

——《汉书·食货志》

20. 教化已明，习俗已成，子孙循之，行五六百岁，尚未败也。

——《群书治要·卷十七》

21. 君子敬而无失，与人恭而有礼，四海之内，皆兄弟也。

——《论语·颜渊》

22 .王者执一，而为万物正。一则治，两则乱。

——《吕氏春秋·卷第十七》

23. 道生一，一生二，二生三，三生万物。

——《道德经》

24. 天下有道，则礼乐征伐自天子出。

——《论语·季氏》

25. 故圣人耐以天下为一家，以中国为一人者，非意之也。

——《礼记·礼运》

26. 民吾同胞，物吾与也。

——《朱子语类·张子之书一》

27. 何言乎王正月？大一统也。

——《公羊传·隐公》

28. 天有其时，地有其财，人有其治，夫是之谓能参。

——《荀子·天论》

29. 老吾老，以及人之老；幼吾幼，以及人之幼。天下可运于掌。

——《孟子·梁惠王上》

30. 君子之于物也，爱之而弗仁；于民也，仁之而弗亲，亲亲而仁民，仁民而爱物。

——《孟子·尽心上》

31. 进柔良，退贪残，奉时令。所以助仁德，顺昊天，致和气、利黎民者也。

——《后汉书·卓鲁魏刘列传》

32. 是故古之王者，莫不以教化为大务，立大学以教于国，设庠序以化于邑，教化已明，习俗已成，天下尝无一人之狱矣。

——《群书治要·卷十四》

33. 仁爱士卒，士卒皆争为死。

——《史记·袁盎晁错列传》

34. 志士仁人，无求生以害仁，有杀身以成仁。

——《论语·卫灵公》

35. 民之于仁也，甚于水火。水火，吾见蹈而死者矣，未见蹈仁而死者也。

——《论语·卫灵公》

36. 志于道，据于德，依于仁，游于艺。

——《论语·述而》

37. 其为人也孝弟，而好犯上者，鲜矣；不好犯上，而好作乱者，未之有也。君子务本，本立而道生。孝弟也者，其为仁之本与！

——《论语·学而》

38. 何事于仁，必也圣乎！尧舜其犹病诸！夫仁者，己欲立而立人，己欲达而达人。能近取譬，可谓仁之方也已。

——《论语·雍也》

39. 工欲善其事，必先利其器。居是邦也，事其大夫之贤者，友其士之仁者。

——《论语·卫灵公》

40. 成性存存，道义之门。

——《周易·系辞上》

图书在版编目（CIP）数据

六合同风，四海一家：中国制度中的和合共生 / 程丽君编著. — 北京：外文出版社，2021.12

（读懂中国制度 / 刘余莉主编）

ISBN 978-7-119-12591-6

I. ①六… II. ①程… III. ①国家－行政管理－中国－通俗读物

IV. ① D630.1-49

中国版本图书馆 CIP 数据核字 (2021) 第 268874 号

出版指导：胡开敏　杨春燕
丛书顾问：魏礼群
丛书主编：刘余莉
责任编辑：焦雅楠
插图绘制：北京晴晨时代文化发展有限公司
封面设计：北京夙焉图文设计工作室
印刷监制：秦　蒙

六合同风，四海一家
中国制度中的和合共生
程丽君　编著

出 版 人：胡开敏
出版发行：外文出版社有限责任公司
地　　址：北京市西城区百万庄大街 24 号　邮政编码：100037
网　　址：http://www.flp.com.cn　电子邮箱：flp@cipg.org.cn
电　　话：008610-68320579（总编室）　008610-68996144（编辑部）
　　　　　008610-68995852（发行部）　008610-68996183（投稿电话）
制　　版：北京红十月图文设计有限公司
印　　刷：北京侨友印刷有限公司
经　　销：新华书店 / 外文书店
开　　本：889 × 1194mm　1/32
字　　数：94.6 千字　印　　张：5.375
印　　次：2022 年 2 月第 1 版第 1 次印刷
书　　号：ISBN 978-7-119-12591-6
定　　价：45.00 元